从 14 岁到 80 岁　人人都看得懂的

现代 e 知识

黄西玲　博士　　著

中国建筑工业出版社

图书在版编目(CIP)数据

现代 e 知识/黄西玲著.—北京：中国建筑工业出版社，2003
ISBN 7-112-05649-7

Ⅰ．现… Ⅱ．黄… Ⅲ．科学知识—普及读物 Ⅳ．Z228

中国版本图书馆 CIP 数据核字(2003)第 004655 号

从 14 岁到 80 岁　人人都看得懂的
现代 e 知识

黄西玲　博士　著

中国建筑工业出版社出版、发行(北京西郊百万庄)
新华书店经销
印刷：北京云浩印刷有限责任公司

开本：880×1230 毫米　1/32
印张：8　字数：170 千字
版次：2003 年 3 月第一版
印次：2003 年 3 月第一次印刷
印数：1—2000 册
定价：**20.00** 元

ISBN 7-112-05649-7
TP·10(11288)

版权所有　翻印必究
如有印装质量问题，可寄本社退换
(邮政编码 100037)
本社网址：http://www.china-abp.com.cn
网上书店：http://www.china-building.com.cn

自序

黄西玲

30年以前,我从大学毕业,是一位小说作家和新闻记者,心中充满了浪漫的情怀,在想看看这个广大的世界的心境之下,我离开台湾,进入风景优美的西雅图华盛顿大学研究所就读。西雅图的湖光山色虽令我着迷,但我首次与西方社会和西方人士接触时,却发觉他们的一些特别的习惯和行为,例如,即使是五六十岁的老先生、老太太也会按期阅读《国家地理杂志》、《好家庭杂志》、《时代杂志》等。家中大多备有许多工具,当汽车、电灯、暖气、家具、沙发坏了,都是自己动手修理的。学校和家长对孩子们的教育,也是从小就尽量培养他们观察问题、解决问题的方法和精神。

回到台湾,我必须又重新回到中国的文化环境中,但西方的科学精神、工作效率、人人追求新知识的欲望,久久让我难以忘怀,甚至到了后来让我觉得害怕。中国人如果再不从心态上备起急追,未来人类科技新知将以加倍的速度往前推进时,我们的差距将会更大到无法弥补的地步,甚至被先进国家所主宰和控制。

多年以来,我一直进行"国际传播的理论与科技"的教学与研究工作,对电信传播、人造卫星等科技早已作过很多的研究。

数年前我取得教授的资格,当时我反问自己:在学术上已取得了最高的资历后,未来要何去何从?我思索了很久,我认为东方民族的学术发展不如西方普及,东方学者应该放下架子,走出学术的象牙塔,走进民众,学者的责任不是只擦亮自己的光环,而是把知识普遍地散播出去。

民众需要什么?当然很多,但我也只能贡献我个人所学。有一天,已是中阶主管的弟弟突然对我说,对于现代的许多知识他都不了解,不好意思问别人,也不知道到哪里去找这方面的资料,才蓦然点醒我,现代 e 知识不是没有资料,而是市面上出版的这方面的书籍太多、太杂、太深奥,一般民众无法简易而又十分明确地掌握其内容。

我告诉自己,我终于能为民众做点事了。我的英文能力强,可以快速接收西方的最新资讯;我是学者,熟悉学术研究的方法和搜证;我曾是记者和作家,我可以了解一般民众的阅读水准,而用平实、轻松的文字将艰深的学理作深入浅出的介绍与解说。

在整个写作过程中并不轻松,虽然有关国际传播科技的知识,早已是我在教学时的教材,但我要重新把它改写成男女老幼都能阅读的文字,一面要揣摩读者的阅读兴趣,不要让文字乏味,一面要顾及解说上的不偏离主题。在搜证的工作上也十分辛苦,我必须收集最新的资料,除由美国的网络书店中直接购入新书,由电脑资料库搜寻全球最新的资料,以明了最新的国际趋势和发展,图书馆是我跑得最勤快的地方。另外,我也以客户身份经常地打电话给相关的经营公司、银行甚至电信局等机构,询问一些让客服人员和工作人员觉得奇怪的问题。

我的写作过程是这样的，我必须先把一个主题的相关资料收集妥当，全部阅读过后，我要求自己先明确地了解整个过程，做成笔记，撰出一个写作程序，然后放下所有资料，使用我自己的话语和文字，像对朋友叙述一个故事一样，用中国人的语句写出全文，当全文完成后再核对参考书目，提出正确的注释。书房中堆积如山的书籍、资料、笔记，挤出来的却只有一点点，就可以明白这项工作并不好做。花了这么大的工夫，我的目的只是期许自己，用通俗的中文语句写出让中国人看得懂的知识类的书籍。

我不认为这本书是一本多么出色的作品，但却是一个学者的良心和对社会小小的回报的心愿。本书定位在14岁到80岁都可阅读，就可明了它是一本将现代知识的基本概念介绍给全民了解的书，而非专业的科技教科书，因此，笔者很希望学有专长的学者和科技专家们能够给予谅解，本书跳过许多详细和艰深的学理解说，毕竟，我们得先让老百姓知道简单的道理，才能让他们再进一步去学习。如果本书能启发读者个人学习的兴趣，读者可再自行阅读更深奥一点的书籍。

本书谢谢玉文、敬耀、祈谚等一群年轻朋友们的协助。我们缺少外力和资金援助，但我们会一步一个脚印地走进民众中。

目录

第 一 章　什么是 e 时代？　1

第 二 章　e 时代的赚钱术——知识和智慧　11

第 三 章　e 时代的经济犯罪——洗钱　23

第 四 章　信用卡是如何记账和转账的？　39

第 五 章　歹徒是如何制造仿冒的信用卡的？　51

第 六 章　机器人真能取代人类吗？
　　　　　——谈人工智能的发展　69

第 七 章　虚拟实境是恐怖分子的最爱？　87

第 八 章　e 时代的破坏和犯罪者
　　　　　——恐怖分子的思想与行动　105

第 九 章　从娱乐到杀人——神奇的激光　127

第 十 章　太空时代最重要的传播工具——人造卫星　141

第十一章　天涯海角都能找到你
　　　　　——全球卫星定位系统（GPS）　171

第十二章　移动电话是怎样进行通话的？　191

第十三章　移动电话的选购及国际漫游的拨号方法　215

第十四章　什么是手机的无线上网？WAP 的功能
　　　　　是什么？　229

第十五章　第三代手机（3G）的功能　237

第一章

什么是e时代?

我们经常使用e时代来形容现今的社会,究竟什么是e时代?e时代的工作方法是什么?e时代的热门行业有哪些?你如何成为e时代的成员?

一、不了解 e 时代就要落伍了

我们现在已经进入一个 e 时代，什么叫作 e 时代？它的英文是 e-age，这个 e 是什么呢？就是"电"（electric）的意思，它包括了"电化"、"电力"、"电信"、"电传"等等含意，所以电子时代是指一个依靠电力、电学、电的传输等原理，来设计日常生活上许多器材和工具，以帮助人类进行许多工作，使人类可方便地进行很多活动和传输的时代。

e 时代的商机我们称它为电子商务（e-commerce），在 e 时代作生意我们称它为电子交易（e-business）。电子商业和电子交易是指：制造各种电器用品、架设各种电信设施以提供通信服务、透过电子器材作资讯搜寻和咨询服务等之商业交易行为。

我们先来看看 e 时代与过去的时代有什么不同？e 时代有两个最大的特征，一是使用电学原理制作生活上应用的器材和工具，像电视机、电脑、电子监视器、电子提款机，以及一般日常生活上的电器用品等，使生活更为方便和节省时间。第二个特征是重要的资讯传播和运输工具，像人造卫星的立即传送、全球网络的连接与应用等，由空中就可连通了全球的资讯往来，所以打破了地理的隔离和限制，由一个城市到另一个城市，由一个国家到另一个国家，经由电信资讯的传送，许多消息、资讯、新闻、娱乐节目、商业联络、商品的内容、广告、各地动态等，在几秒钟内就可到达全球各地，早已颠覆了过去坐船、坐飞机才能到达别的地方和别的国家的限制。

二、e时代的经济特征影响了人类的生活形态

  虽然在e时代中，政治、文化、社会等均与过去的农业、工业社会有所差异，但我们在探讨e时代之特征时，大多着重在e经济之探讨。e经济英文是e-economy，所谓e经济是指在e时代，经济往来主要是靠电信和电子等，进行的是电子商务。什么是电子商务？它是指现今的世界已迈入一个电子的时代，在经济体系上，几乎大多是与电信和电子工业有关，而全球的商务交易也大量使用国际网络进行。也就是说电子产品、电子传输已掌握住一个国家最重要的经济命脉，任何一个国家要达到现代化的标准，都得从传统的经济模式，走入电子产品和电信传输的模式。

  什么是传统的经济模式呢？我们从过去人类的发展历史来回顾：18世纪人类依赖农业为生，土地和劳力是主要的生产工具，地主是最主要的财主和权威的决定者。19世纪人类经济史上爆发了工业革命，原料、机器和厂房是主要的生产工具，大老板是民生经济的垄断者。过去，一个国家是否富裕，要看这个国家是否有广大的土地、丰富的资源、充足的劳工和良好的生产能力，使人民吃得好，穿得好，并能将其产品运销到国外，赚取外汇。

  但现今的科技进步，以机械代替劳工，各种产品也大量制

造，物美价廉，人民在享受丰衣足食之外，开始注意更多的娱乐、休闲、交际、旅游、探险、健身等更多的人生目的，由过去重视产品制造的经济转向了服务性质的经济，此时知识、专业和科技的智能才是主要的生产工具。更由于电信技术的发达，使全世界藉由电子媒体的功能，例如国际电话、传真、电脑连线、网络、卫星、手机、电视、电传视讯等功能，立即就可进行联络和接洽事宜，所有的经济贸易可在国际网络上进行，而所交易的产品也以电信通信器材和技术为主，此时我们称这种经济为"电子商务"，也就是"e商务"。

三、e时代的工作方式

电子时代既然一切都以电学的应用和传输为最重要的工具，因而造成以下趋势：

（1）许多工作和事务由电脑来操作，取代了过去的劳力。

（2）知识和技术变成最重要的求职条件。

（3）许多商业交易通过电脑就可完成，例如由网络下订单，或者由电脑进行银行转账。

（4）咨询和服务业变成重要的商业活动，收费很贵，例如心理医师、律师、减肥顾问等都是按小时计费。

（5）世界经由方便和快速的电信联络，而变成不分国界的"地球村"，国与国间的商业往来变得频繁和重要。

四、现代的交易必须先学会 e 商务的进行方式

e 商务是如何进行的？其最主要的工具就是国际网络。过去推销商品都是印制目录，其中记载商品型号、功能、价格等，用邮件寄给外国的公司，外国的公司满意后再派人亲自前往看货、讲价，进行交易的手续。今日的 e 时代，公司只要在国际网络上建立网站，将自己的产品张贴在网页上，图片、型号、功能、价格等都记载得十分清楚，可以在网络上直接下单，甚至不需要缴交现金，而可由网络的银行或信用卡转账，就完成交易，这些过程都变得直接和快速，最重要的是全世界的人类社群已藉由电脑网络的连通而变成一体，只要在短短的几分钟内就可以互通讯息。所谓"地球村"的概念，就是指我们人类已确实发展到中国的一句俗语"天涯若比邻"的境地。

一个国家要发展 e 经济，或要想成为 e 商务的国家，起码要达成下列的条件：（1）与世界上其他国家往来，绝对不能是独自孤立的国家。（2）要有起码的国家电信基础建设和设施，例如要有足够的电力设备、电话缆线系统、无线广播和电视系统、电脑网络系统，最好还要有良好的光纤缆线系统等。（3）有了良好的基础建设，还要有物美价廉的接收工具，制造厂商能制造良好的电子产品提供给民众购买，例如人人都买得起电脑、电视、手机等。（4）民众具有可以使用电子设备和器材的知识、能力。（5）国家的教育能培养制造电子产品的人才。

(6) 能把产品推销到世界其他国家去。(7) 国家能够订立完整的法律规范,建立良好的电子交易的法规,并保护人民的权利,像智慧财产权、隐私权等。

五、e时代有哪些行业比较热门?

1. 电信工程人员当然是第一优先

e时代是一个全世界的人类依靠电信设备作快速联系和沟通的时代,所以我们可以说e时代改变了交易的方法,改变了经济模式;改变了我们的生活形态,也间接地造成对人类的社会、文化和政治上的影响。

现在让我们来看看在e时代中,有哪些行业是最热门的。e时代最重要的特征是讲究科学和技术,所以相关的一些科学研究,例如电机学、材料学、光学、电学、化学等行业,其技术人员是必须担任研发和操作的重要人员。另外,其相关产品的工作人员,例如电脑程序设计人员、美工、网络经理、电信工程师、电器修理人员、电脑打字人员等都很重要。

2. e时代的工作,以小时计费

因为在e时代,许多资讯都变成了商品,是要付钱的。例如你要上法庭跟别人打官司,自己出庭辩论不是不可以,而是律师懂得许多法律条文,口才又好,在打官司时会争取较多的利益,所以你需要委托他帮你出庭,你就得付给他费用。律师出售的是时间和知识，收费是很昂贵的，即使你找他商量一下案情，也得按时计费。另外在e时代，工作很忙、很紧张，此时身心需要放松和舒缓一下，许多SPA、按摩、推拿就应用而生，这些也是很热门的行业，收费也是很高的。另外，像e时代的人多坐办公室，营养又好，体重增加，心理压力大，于是营养师、减肥中心、心理咨询师等也比过去重要得多了，也是按时计费。

3．下列的热门工作名单可供你参考

e时代有哪些行业比较热门？下面提供你一些名单供你参考：

（1）资讯工程师和资讯处理的工作者：电脑程序设计师、电脑硬件工程师、光学技术师、计算机操作员、自动资料处理机操作员、电脑资料输入员、照相师、电脑网页设计和美工设计者等。

（2）电信服务业：电信工程的机械师和架设人员，电话公司工作人员，邮件和快递处理和投送者，电器用品、电脑、小家电之修理者。

（3）资讯的收集者：市场调查和分析师、股票解盘和分析师、商务咨询公司、代客投资公司、保险业务服务、广告代理、拍卖公司、访调员和私人调查员。

（4）专业技术：建筑业、画图员、医师和药剂师、营养师、减肥专家、心理辅导师、系统分析专家、会计师、景观设计师、服装设计师。

(5) 知识和学术界：高等教育和大学教授仍是很热门的工作，因为未来一切讲究知识经济，大家都会进大学去不断地学习，而大学教授仍将非常稳定地成为受尊敬与不能缺少的工作。此外，中小学教师、特殊教育老师也是重要的职业。针对特殊技能而设立的私立的补习班也将大行其道。

(6) 娱乐、休闲和服务业：因为在e时代中生活忙碌和紧张，人人需要娱乐和休闲，因而娱乐、休闲和服务业必将发展很快。电影明星、歌星、演艺人员仍是大受欢迎，KTV生意兴隆，按摩业、理疗业仍将会有增无减。

六、你如何成为e时代的成员？

生长在e时代中，你必须融入这个大时代中，不然很快就会落伍，你要如何成为e时代的一员？下面有些建议：

1. 随时增进新知识和新观念

e时代最大的特征就是科技进步的速度比历史上任何一个时代都要快速，随时都有新产品、新思想出现，你必须随时学习新的知识、新的技术和新的观念才能跟随时代的脚步。

2. 用金钱买知识，用知识换金钱

过去有些人念书，只是抱着几本书苦读，将来就有出人头地的希望，所以把书本都啃破了。但是现在念书却是很花钱的事，因为知识的来源太多，必须不断地更换和添购新的课本和

教材，而课本和教材都是作者花费很多时间和心力完成的，均有版权，使用者必须付出昂贵的价钱来购买。此外，如果你还想学习额外的技能，你仍得付出额外的代价。你不必抱怨，因为这是e时代的一个特征，知识是需由金钱换来的，但你的付出也会获得回报的，因为当你有了知识后，你才能找到理想的工作，你才能在许多人的竞争中胜出，你也会因你的知识而获得金钱的报偿。

3. 人人地位平等，工作无尊卑之分，成功的条件是合作和交换

在e时代中，所有的工作意义都是合作和交换，没有尊卑之分。例如，你即使尊贵为董事长，你也得找个可靠的司机每天开车送你去上班、找个能干的秘书帮你打字。

本章参考书目及相关网站

1　丹尼尔贝尔著．高铦，王宏周，魏章玲译．后工业社会的来临．台北：桂冠图书公司出版，1989

2　恰克马丁著．林以舜译．e时代的七大势．台北：美商格希尔国际公司台湾分公司，2000

3　泰普史考特等编著．乐为良，陈晓开，梁美雅译．新经济——数位世纪的新游戏规则．1999台北。

4　理查奥利佛著．乐为良，董育群译．未来企业致胜的七大谋略．

台北：美商格希尔国际公司台湾分公司，1999

5　克鲁曼著．周翠如译．全球经济预言．台北：先觉出版社，1999

6　杰洛米霍普，汤尼霍普著．王琼淑译．笑傲第三波．台北：经典文化公司，1999

7　Harvey Deitel. e-Business and e-Commerce How to Program. Amazon book store, 1999

8　Metricnet: Global New E-Economy, Metricnet Global New E-Economy Index White paper. http//:www.metricnet.com/

9　E-Business Research Center-Index. http://www.cio.com/forms/ec

第二章

e时代的赚钱术
——知识和智慧

　　e时代的财富来得快,去得也快。
　　靠体力劳动赚不了什么钱,你必须靠丰富的知识和灵活的头脑才能赚更多的钱。

一、颠覆过去的财富观念

1. e时代为快速致富提供了条件

有钱真的这么难吗？在古代想成为富人，一般平民是很难成功的，因为在贵族和封建的时代，土地、房屋、珠宝是财富的象征，这些固体的东西是家家世袭的，绝不准外人分割和侵占的，只要好好守住，就是豪富的象征。

在过去的时代，有钱人以他们庞大的资产和势力建筑成强固的堡垒，防止外人侵入，而在今日e时代，也许你只是无名小子，但你只要靠着知识和智慧，也许是靠着一些小聪明，也许是靠着刹那间的一点灵感，或者是由快速发展的社会所造成的一些机运，也可以在一夜之间成名，而赢得上亿家产。

在e时代中，一夕之间名利双收这种案例很多，例如《哈利·波特》的作者罗琳，原本是一位一名不闻的单亲妈妈，出版了魔法书后，成了全球畅销书的作者，而变成英国收入最高的女性。另外，像一些突然红起来的演艺人员，收入也很可观。台湾在不久前发行乐透彩券，有一对泰国来台打工的外劳，夫妻两人购买了四张，所填的号码是夫妻两人护照上的生日、年龄和护照有效日期等，竟然连中六个号码和四个号码，得了头奖和三奖，可获得新台币4500多万，这对泰国外劳夫妻返回泰国，准备购买一座小岛，变成泰国少数的大富翁，这种出奇的、近乎不可能的机运就是会出现在e时代中。

这就是e时代的迷人之处，你不必去偷去抢，人人有份，都可以成为亿万富翁。

2. 土地、珠宝、房屋反而成为累赘

时代改变了，过去被视为最大财富来源的土地、房屋、珠宝如不能动动脑筋好好利用，反而是累赘。过去土地、房屋所以值钱是因为它可以种植、住人、开大工厂。珠宝所以值钱是因为物以稀为贵，可以高价出售。但是到了e时代的今日，种植方式和技术改变，不再以大取胜，而是以精取胜。深宅大院的房屋具有维修和缴税上的负担。而现今的工业也大多以精密的技术工业为主，需要很多的土地盖大厂房以安置很多的机器和工人的时代已经过去。至于珠宝式样很多，各种仿造宝石、半宝石也都相继研发成功，式样千奇百怪，随着流行而随时被淘汰，珠宝的价值是在装饰而不是在保值。这就是以资本、土地、厂房、众多的工人为生产的必要条件的传统产业的没落。

虽然出身有钱家族，但现代的政府是很精明的，在现代公平合理的制度下，个人由祖先继承的财产，必须要缴纳高额的所得税、遗产税，再加上按照现代民法不再只重视长子，继承的人如果很多的话，分到的财产最后也只是七零八落，剩下的只是一小部分而已了。

今日我们所走入的是一个崭新的e时代，过去的财富观念都要重新再作思考。

3. 豪门衰败起来速度更快

至于与豪门建立婚姻关系，虽然仍有人乐此不疲，想坐享其成，少奋斗十年，但大部分的人都知道，这要付出代价、吃尽苦头的。豪门的子弟常会有一个易犯的过错——男的因太过安逸而导致脑满肠肥，女的因太过娇纵而变得蛮横跋扈。豪门人家的一举一动天天都在"狗仔队"的掌控之中，黑道大哥对豪门也宠爱有加，对豪门主人的作息和行动都打听得清清楚楚，豪门成员好像动物园里的猴子，关在栅门中不敢出门，但仍成为被人评头论足的对象。

现代的豪门还有一个独特的现象是——很容易破产，这也难怪，因为现今的时代讲究的是企业经营和策略，稍一不慎，财产就会在一刹那之间化为乌有，或者得罪了劳工团体，来个罢工，闹个天翻地覆，也会元气大伤。

现代的男女不再流行与豪门结亲，聪明又务实的现代人在婚姻上的考虑是很另类的，男的要娶精明能干、在事业上能相辅相成的女强人，女的要嫁缴不出学费、四处打工，却有朝一日会摇身一变成为电子新贵的穷小子。这是 21 世纪的崭新的时代的转变！

二、e 时代财富的建构方法——狠、准、有力、利益的分配和小心防范

企业界的经营策略虽然是一门很深奥的学问，大学里的企

管系和财经系将其视为主修科目,其实经营策略其最大的本质是一样的——狠、准、有力、利益分配和小心防范!

e时代是一个讲究快速的时代,企业成之也快,败之也快。

我们来看看现在全世界两个最大的大富翁,美国媒体大亨默多克和微软公司的老板盖茨,他们是怎样使用经营策略上的手段而变成全球数一数二的有钱人。这两个人起码都有一些相同特征:财富不是由继承和婚姻中取得的,财富都是在短短的几十年中就建立起来的,这两个人都是脑筋灵活、能确实了解e时代的特征的人。

1. 澳洲籍的默多克为了完成世界媒体王国的野心,不惜入籍成为美国人

默多克的英文名字是 Rupert Murdoch,他是澳洲人,现已入籍美国,他的事业包括出版、报纸、杂志、卡带、电影、电视、卫星、旅馆、牧场以及最为人熟知的美国的福克斯电影公司等,他把在全球各国的事业整合成一个商业的大帝国。

默多克年轻时接收了父亲几近破产的一份澳洲小报,他要打败对手,不惜以借贷、劝服的方式买下了对方的股权,合并成了自己的报纸。但是他并不满足,他已发现世界在改变了,全球化的国际趋势已势在必行。在1985年他开始向国外抢夺市场,他攻占的首站之一是美国,美国知道他是个商业上的大盗,就用了一招来阻止他的入侵,就是限制外国人经营美国的媒体市场,默多克很聪明,他干脆入籍成为美国人,很快,他砸下银子买下20世纪福克斯电影公司,接着席卷美国各大都

市的有线和无线电视业，以及攻占报纸和出版事业，近些年来更经营卫星事业，成为美国最大的媒体王国之一。

他的野心还不仅限于美国，他再把触角伸向全世界，欧洲、中南美洲、亚洲都有他的事业。起码在亚洲地区的卫星电视，像以香港为基地的 Channel V 音乐台、国家地理杂志（National Geography）和凤凰卫视（phoenix satellite TV），以新加坡为基地的 ESPN 体育台等都是他统治的事业。

近些年，他把生意打到中国内地的头上，但是中国内地曾作谨慎的评估，不愿意他轻易进入中国的媒体事业。大概是他要拉近与中国的距离，数年前与美国前妻离婚，娶了个年轻美貌的中国内地姑娘，除了成为中国半子，还努力地想生个孩子，希望建立友好的关系。

2．比尔·盖茨看准商机，巧妙地成为世界首富

另一位，要介绍的是现今世界上最富有的人比尔·盖茨。相信大家对他都十分熟悉，知道他是微软公司的老板，靠了"视窗"电脑软件发了大财，最让人们羡慕和啧啧称奇的是，他既不是继承了许多的油田的石油大亨的儿子，也没有很多祖先留下来的房地产。他年纪很轻，却把全球著名的大富翁，例如阿拉伯产油国的王储、华尔街的股票大亨、好莱坞的著名的导演和演员们、全球最著名的流行音乐歌星们硬是给比了下去。最让人羡慕的是，他是在很短的时间中，几乎没花什么劳力，完全以智慧取胜，取得了据估计约 500 亿美元的财产。

比尔·盖茨到底有多少钱，我们用中国台湾的标准来算算

看,你就明白了,美金500亿约合台币17500亿元,根据2000年的《福布斯》杂志的调查,台湾最有钱的蔡万霖家族的财产总值约台币2300亿元,也就是说比尔·盖茨的钱比蔡家多了七倍多。台湾的蔡家是经过兄弟多人、经过三代才累积起来的,而比尔·盖茨是一个人跟他的一个朋友,以顶多20多年的时间就创造出来的。

让我们来看看他是如何变成世界上最有钱的人。比尔·盖茨生于公元1955年,他19岁在哈佛大学念大一时,很机灵地发现电脑业是未来的重要发展,于是休学,与他的童年好友阿伦一起走入电脑程序设计的行业。

你知道比尔·盖茨是使用什么方式成功的吗?他很努力吗?不见得!他有二个达到成功的快速的捷径,其中包括:

(1) 趁人不备,快速买下有潜力的公司:在美国过去有许多人穷一生之力,花了很多钱,进行新产品的研发和制作,但比尔·盖茨很聪明,他认为进行研发时间拖得太长,花费又太大,他等待机会,看准某个小公司很有创意,就以便宜的价格买下它,接收这家小公司之特长后,再加以发扬光大。

(2) 雇用别的公司已训练好的或已具有某项特长的人员,接收人家的成果:大家都晓得比尔·盖茨是以微软的"视窗"软件程序而起家的,其实当初最早研究视窗软件的是全录公司(Xerox PARC),但并没有完全研发成功。盖茨很有远见,他发觉这套软件未来很有用处,只要再加把劲就能改良得很好。盖茨的公司静悄悄地把写"视窗"软件的那些人从全录公司挖过来,作了进一步的研发,最后终于成功了。所以盖茨真的很聪明，全录花了早期研究的钱，半功而退，最后让盖茨白白捡了个现成。

三、e时代的工作态度

在e时代中，资讯的交流就是金钱的交流，所以你必须要有一个重要的观念，有时无法看见的无形财富，可能比看得见的具体的财富更为重要。什么是无法看见的无形财富？它是知识、智慧和技术，什么是可看见的具体财富？它是土地、房屋、财产等，也就是我们中国人常说的"身外之物"。

我们上面已经举了世界上最有钱的两个人默多克和盖茨，你就会明白，今日人类的生活形态与过去的时代有了很大的转变，"身外之物"够用就好，多了反而是累赘，又怕被人偷、被人抢。而知识、智慧和技术却装在一个人的脑袋瓜子中，跟着你到处走，走到全世界都很管用，别人根本抢不走。其实，现今也是一个快速变异的时代，一切讲究创新和发明，所以你必须随时学习新的事务，脑筋要灵活，具有专业的能力和技术等。

在市场上，由于产品快速的改变，所以可以拥有无限的商机，但是话又讲回来，相对的，产品也很可能快速地被其他更新的产品所取代，所以市场竞争和技术上的更新每天都是很激烈的。

随时抓住e时代的特征和顾客的喜好，才能成功，下面是一些成功的秘诀：

1. 如果你是老板

* 放下你的老板架子，对待员工亲如自己的家人，你应该努力吸引、激发和留住人才。
* 建立你的公司之良好的策略和具体的绩效。
* 不要吝啬出高价挖角，但也不客气地处罚和开除不适任者，公司的职位要找对人来坐，提拔有才能者。
* 对可能威胁到你的生意的另家公司，只有两种方法对付——吃掉它或与它合作。
* 眼光放远，重视研发，不要太计较小钱。
* 给员工的红利永远比他们所期望的高出一些。
* 有耐心聆听员工的牢骚，容忍不同的意见。

2. 如果你是伙计

* 只要你有知识和技术，你就会减少很多拍老板马屁的时间。
* e时代单打独斗的机会很少，你必须保持团队的精神，与其他的成员相处融洽。
* 不要对你所学的觉得自满，因为任何一个小伙子的知识可能都要比你的新，所以随时回到学校去学习，否则你很快就会落伍的。
* 重视公司未来的发展，而不是它的目前的福利。
* 虽然要务实，但也不要忽视你自己的潜力，随时想着自己创业。

* 随时注意社会的动态和民众的喜好，多观察别人的人，永远比那些自视很高的人成功。
* 注意法律观念，熟悉法律条文才是现代人最大的护身符。

本章参考书目及相关网站

1　杜拉克著．刘毓玲译．21世纪的管理挑战．台北：天下远见出版公司，2000

2　杜拉克著．周文祥，慕心译．巨变时代的管理．新店：中天出版社，1998

3　杜拉克等著．张玉文译．知识管理．台北：天下远见出版公司，2000

4　威廉保斯特著．蔡依玲译．擅变——看杰出领袖如何掌握变局．台北：方智出版社，2000

5　洛威尔布赖恩等著．汪仲译．无疆界市场．台北：时报文化公司，1998

6　徐作圣著．全球化科技政策与企业经营．台北：华泰文化公司，1999

7　Thomas Kiernan. The Unexpurgated Story of Rupert Murdoch-The World's Most Powerful and Controversial Media Lord. Amazon Book Store, 1999

8　James Wallace, Jim Erickson. Hard Drive: Bill Gates and the Making of the Microsoft Empire. Amazon Book Stores, 1998

9 这些是专门介绍默多克的网站，你不妨上上看。

   http://www.csun.edu

   http://www.csun.edu/~kab42291/bios.html

10 在网络上介绍盖茨的网站很多，还有许多他的趣味照片。

第三章

e时代的经济犯罪
——洗钱

e时代的抢匪已不再傻到用麻袋装钞票背着逃跑，而是使用特殊的方式，在很短的时间中，就能把黑钱洗成干干净净的白钱……。

一、用麻袋抢钞票已是最落伍的、最愚笨的盗匪

还记得好莱坞的电影中常有这样的情节吗？两个大盗进入银行去抢劫，一个盗匪拿着枪吆喝众人不准乱动，另一人就赶快拿着大麻袋把柜台上的钞票扫入袋中，跑出银行的大门后，麻袋居然破了一个洞，一面跑，钞票就一面撒在地上，这两个人真够"衰"的！

如果没这么"衰"，即使两个盗匪成功地摆脱了警察的追捕，但还得去找个很隐秘的地方，把钱藏起来，大多数的故事情节都是藏在一个老太婆的地下室里，然后盗匪为躲避风声，流浪各处，不敢回来，等十几年后，老太婆死了，她的孙子意外地在地下室里，发现了一麻袋与老鼠为伍的腐烂钞票。

或者，你也看过这样的电影情节，歹徒绑架了某富人的小孩子后，打电话来勒索，然后指定时间和地点，把赎款放在某某大街的垃圾筒里，或高速公路某某交叉道的桥下，其实警察早已埋伏好了，到时候来个一举成擒。

讲一句玩笑话，在现今的电子时代，如果没有一点 e 知识，就连盗匪都没资格当了！现今的盗匪如果再笨到用麻袋去装钞票，看样子就连黑道老大都会气得吐血，一个麻袋能装多少钱？不但得气喘如牛地背着笨重的袋子跑，还得找个可靠的地方藏钞票，未来还承担很大的风险，随时都会等着被警察逮个正着！

第三章　e时代的经济犯罪——洗钱

钻石及美钞

二、洗钱的老祖宗是美国芝加哥黑社会老大——卡彭

现今的盗匪已经高明多了，根本不用亲自走进银行的门，就可以抢到如天文数字的钱，甚至连钞票的纸张都没摸到，就成功地到手了上亿元的黑钱，这是怎么回事？

因为现今是电子时代，有点知识的坏人，早就知道使用电信传送的方式，把钱在很短的时间中，经由几家银行的电脑转账，转送到遥远的国外，提领出来后，很快地换成华厦、美食、名车、钻石、劳力士名表，当然还不会忘记找个漂亮小妞陪伴，大大方方地四处游玩，根本让人看不出这些钱是非法得来的。这就是e时代犯罪的产物——洗钱。

洗钱的英文是money-laundering。laundering是洗熨衣服的意思,把钱放进洗衣机里去洗一洗,就会把脏钱变成干净的钱,把黑钱漂白成不黑的钱,也就是说把非法得来的钱变成合法的钱了,这就是——洗钱。

1. 第一宗洗钱的老穴是洗衣店

但是你不要认为要把黑钱洗成白钱,用money-laundering是故意借用这个字眼的,其实money-laundering是有来历的,据说,洗钱的老祖宗是美国芝加哥黑手党的老大——卡彭(Al Capone),美国人自己或长住美国的中国华侨对卡彭可能知之甚详,他是美国一次大战到二次大战时黑社会的一位传奇人物,他出生于1899年,死于1947年,一直到现在仍是美国FBI犯罪档案记录中,美国头号的罪犯,他的凶狠蛮烈、杀人不眨眼,包办了美国黑社会中所有的赌、嫖、勒索、谋杀、私酒等不法的勾当,但在芝加哥的社会中又曾流传着许多他好打不平、劫富济贫、对手下亲如兄弟、来去无踪等神秘的逸事。

因为他是美国人人皆知的黑社会老大,有点与政府斗智的味道,美国政府似乎抓不到他的把柄,就很没有面子,FBI终于想尽了办法,搜集到足够的证据,将他下狱,绳之于法,最后他仅以48岁的壮年,因病死于牢中,结束了他传奇的一生。

卡彭既然坏事作尽,为什么FBI还要辛辛苦苦地搜证才能抓他？原来卡彭是一位头脑机灵的人，他所做的坏事绝对不留任何证据，他所赚的黑钱都使用合法的渠道漂洗干净，成为合法的钱。你知道，当初科技尚不发达，他是如何进行洗钱的吗？他找一些帮派中靠得住、却又貌似平凡的老百姓，经营合法的洗衣店，而将经营私酒、包娼包赌得来的黑钱转往洗衣店的收入中，再于事后提出，完成黑钱变成白钱的手续，美国政府明明知道他的钱是非法来的，但苦无实据。

2．卡彭是美国黑社会的传奇人物

美国FBI"资讯公开"的档案中，曾公布他的犯罪资料竟有近3000页之多，而美国的国家档案资料库也建有他的网站，网站地址在本文之后，请自行参考。

到了20世纪80年代，由于毒品（包括传统的海洛因、吗啡，还包括新一代喜好的大麻、摇头丸等）盛行，成为全球交易的买卖，且由于电脑网络的普遍性，而使得洗钱的方式更为方便易行，而根本变成跨国界的行动。在今日的e时代中，我们绝不利用电脑犯罪做坏事，但是我们必须知道e时代的犯罪是怎么一回事？是如何进行的？很可能我们自己就是被人利用者，我们自己就是受害者，所以本章写作的目的就是要你明白洗钱进行的方式，可能涉及无辜，提醒你多注意自己的权益，不要被歹徒利用，也顺便明白e时代的电子媒体在金融使用上的特性。

三、由香港富豪王德辉被绑架的案例，来看洗钱是如何进行的

1．绑匪也得学习现代 e 知识

过去的江洋大盗穷一辈子都要躲警察，把非法得来的赃品、膺货和现钞、珠宝等藏匿起来，但在今日的 e 时代中，盗匪只要在银行开一个账户，用电脑遥控，所有的支出和花费很方便地都可以处理妥当，所以大盗可以摇身一变，有模有样、自由自在地出入公共场合，遨游全球著名的都市和风景名胜，住在最豪华的大饭店中，过着豪富巨贾的生活……，这些都是拜了 e 时代科技之所赐！

在我们了解洗钱之过程之前，我们看一则曾在香港发生的真实的犯罪案例，当时曾喧腾一时，涉及香港最有钱的富翁被绑架勒赎案。

曾名列香港第三大富翁的王德辉，在 1983 年和 1990 年两度被歹徒绑架，两次的绑架谈判中，歹徒都不是要求王德辉的家属提着钞票到某一个指定的地方赎人，而是将巨额款项（只是一个数目而已）由银行电脑连线的作业中，经过多次的转换过程，最后转到可能知情、也可能不知情，可能与歹徒认识、也可能与歹徒不认识的若干人的账户，由这些人亲自或由他人代替到银行去提领现金，携出银行后，再用许多方法重新转回到歹徒的口袋中，完成绑人勒索，获得巨款的目的。

也许你会说，被利用转账的人都是傻瓜吗？都不知道这是犯法的吗？是的！这些人有些知情，甚至亲自参与其事，但有些人是真的并不知情，只是自己被歹徒利用了而浑然不知。我们以第二次的绑架为例，来看事情是怎么发生的。

2. 绑匪要求取款的方式是用人头户的电汇

1990年4月25日王德辉早上出门后就被掳走了，歹徒以电话要挟王德辉的妻子龚如心付出10亿美金。付款的方式是从香港银行王家的户头中，以电脑汇款转账的方式转给在台湾、瑞士、欧洲和美国的若干银行的账户。所谓电脑汇款是王家在香港的银行户头有专属的账户和密码，只要当事人所设定的条件和密码正确，可以要求银行直接由电脑中下单，汇款给世界上其他地方的别的银行的某账户，由该地账户的持有人前往领取。

据说在瑞士和美国的汇款分别由不明人士前往提出现金，等到当地警察去该银行调查是谁提走时，遇到几个困难，其一是瑞士银行当时实行银行秘密法，就是说瑞士绝不透露账户的姓名和身份（现今瑞士等若干欧洲过去以洗钱著名的国家，在全球舆论的压力下，已拟订了防止洗钱法，如果某账户有洗钱嫌疑，银行有权停止金钱出入，而进行调查）。其二是若干银行发现账户开户者根本是个人头户，所谓人头户是使用别人遗失的身份证登记开户，当黑钱汇到后，立即把钱提领一空，然后马上撤销账户。当警察找到开户者时，开户的人辩称自己遗失了身份证或护照，被歹徒利用，自己也是受害者。第三个困难是虽然领款者确有其人，但当他领到钱后早已失踪，要不然已被杀灭口，要不然是使用假名或有多重国籍，早已潜逃他国，不知去向。

3．当时台湾也是转接站

其中有近3000万美金是汇到台湾的，有几笔是汇入台北某商业银行，指定由台北市的张姓女子等八名人士各领取100万美金。这八名人士当时要求提取台币现金，银行还得到别处去借来现钞支付。当歹徒把现金提领出来，共同集中存放在旅馆的某客房，等待分赃。台湾的警察单位获得情报，早已准备捉拿，警察赶到旅馆破门而入，据说打开门时，警察被堆集得像小山一样的钞票吓了一跳。

另外有2200万美金是经由地下钱庄汇入台湾。什么是地下钱庄？就是专门办理不经过合法的银行汇入和汇出款项的非法机构。为什么不经过银行汇入汇出呢？因为合法的银行在进行各种款项的进出时，都会留下记录，让政府可以根据记录查出往来者之姓名及各种资料等，而地下钱庄则无从查起。

4．地下钱庄是经济犯罪的大本营

至于地下钱庄是如何进行洗钱的呢？地下钱庄大多是秘密的组织，里面的成员绝不透露身份，但拥有相当丰厚的资金，在进行各种交易时是绝对保密的。地下钱庄的性质就有点像当初的卡彭在芝加哥的洗衣店，先把黑钱交给合法的公司作掩饰，转手后再提出现金。地下钱庄也是经由一些合法的商业公司，或外贸公司光明正大地进行转汇，然后再转出。当然，地下钱庄会索取高额的手续费，自然是不在话下，且要彼此信任，否则就是"黑吃黑"。

王德辉的妻子龚如心将2200万美金现金缴给某地下钱庄，香港的地下钱庄收到钱后，通知与台湾有往来的地下钱庄，支付这笔钱。请你注意的是：香港的地下钱庄通常是不会把巨款直接寄到台湾的地下钱庄，如果这样技术就太差了，因为只要把钱汇出后，政府的调查单位就有线索按地址查得到双方。

香港地下钱庄是把龚如心的钱先以现金支付给某一个合法的香港的商人或外贸公司，该商人或外贸公司收取现金后，在银行换成支票，大大方方地汇到台湾的银行，作为与台湾的某一合法公司的商业交易之用（例如用来支付购买台湾的成衣的名义），这一切都是商人及外贸公司正常和合法的动作，政府是无法干涉，也无从查起的。接着，在台湾的公司接到成衣付款的支票，也大大方方地向银行提取现金，甚至装模作样地寄些便宜的成衣到香港，表示正常的买卖成衣手续已完成。到目前为止，这一切似乎也是合法的，接着台湾的公司会扣除一些开销和"利润"后，将剩余的黑钱转账给指定的人，由此人去提领现金，或者就把现金交付给台湾的地下钱庄，以现金交付完全无记录可查，最后完成洗钱。

5．全案未破，过程成谜

上述的帮助洗钱的商人和外贸公司是合法的吗？他们当然是非法的，但在进行过程中却是合法的，这就是洗钱的特征——以合法掩护非法。也许你会问，在香港的商人拿到钱，就吞入私囊怎么办？这就成了黑吃黑，成了黑道追杀的对象，虽然也曾发生过，不过地下钱庄在经营上自然有自己的一套法则，就不是我们能知道的了。

顺便告诉你王德辉被绑架的结尾，很不幸的，王先生在赎款付出后一直石沉大海，据说他是被歹徒掳走后，用渔船运往公海上的一艘船只上，可能早已被抛入海中，主嫌犯在逃，台湾的合伙者被判重刑。

四、洗钱的方法五花八门

1. 好莱坞的高薪明星早期也曾逃税

洗钱在全世界各国都会发生，所以洗钱的方法是五花八门的。你有没有听过，美国好莱坞电影明星的收入虽然很多，但要抽很高的所得税？美国是采用累进率制，收入越多、抽税就越高，但在早期美国税法中却有一项规定，在国外所得并不抽税，所以美国好莱坞的电影明星就到国外去拍片，或到国外去签约和拿钱，存入外国银行，再汇回美国，其实这也算是洗钱的一种方式。

后来美国政府发现许多人都跑到国外去签约，国库损失太大，只得在20世纪70年代左右修改法规，规定凡是美国籍的人士，在外国所得或在外国银行存放的款项的利息，都要通报美国政府，缴纳所得税。在中国台湾的美国花旗银行也曾多次通知住在台湾的美籍人士，或具有双重国籍，或拿美国护照的人，凡有收入都要缴纳所得税给美国政府。

我们再举下列几种状况来看，它们也可称为洗钱。

2．不法赠予就是洗钱

小珠尚未成年，她的父母很有钱，但父母给儿女金钱会被视为赠予，是要交很高的所得税的。小珠的父母拿了200万现金给小珠，小珠存入银行账户，政府问起巨款从何而来，你猜猜她怎么说？她说："我到KTV打工，有个不知名的老男人给的，怎么样呢？"事实上，政府不可能查每个人的账户，除非突发的事情，例如有人检举，名人之子树大招风被检查单位注意到或其他因素导致追查。

3．以合法的行业掩护非法的行业

黑道的大哥们经营了一家赌场，生意很好，收入了很多钱，为怕政府追查巨款的来路不明，只好在赌楼下开了一家餐馆，把晚上经营赌场的钱算到是经营餐馆的收入上，变成了合法的收入。非法分子经营色情、赌博、贩卖毒品取得巨款后，把不义之财购买成房地产，摇身一变，变成房地产大亨。

4．购买钻石、古董携带出境

江洋大盗抢劫了巨款后，怕被别的黑道分子觊觎，以匿名方式买下价值连城的大钻石或绝版的邮票。这些东西价值不低，但又较好藏匿和携带，又很方便携带出国，在国外找到买主，照样可以换取巨款。

5. 借用人头分散税金

陈先生今年赚了很多钱，在报所得税时缴交的税款可能很多，他要求他的亲戚和朋友帮他一些忙，把他所赚到的钱归到他们的名下以分散税收。这种借用人头来抵税的方式很多，例如给予公司股东的名义，每月给予车马费，公司分红只是表面行为，真正的所得仍由陈先生掌控，但开出的税单却是许多其他人的名义，陈先生可以规避庞大的税金。

或者陈先生的庞大现金，分别以不同的人头存入不同的银行账户，表面上是属于不同的人的，但实际上仍由陈先生控制存款印章、存折等物，或开立某项交换协约等（例如陈先生在他的表弟的账户中存了1000万，为怕他的表弟吞掉不再归还，事前由他的表弟写一张1000万的借据作为抵押）。

上面所说，有钱人寻找人头分散资金，那么谁要当人头呢？一种是当事人的亲朋好友，一种是彼此有利益往来者，另一种是可能彼此并不认识，但为获取一些好处自愿接受委托。

最后还有一种，这一种就真是不折不扣的倒霉鬼了。某人遗失了身份证、护照、信用卡、驾驶执照等而被歹徒利用或被仿造，而作开户或其他申请之用，当事人根本就不知道自己的证件已被冒用，除非东窗事发，才知道自己是受害者。这种事情经常会发生，而歹徒也最喜欢这种人头，所以奉劝大家千万要小心，当自己的身份证及护照遗失时，应立即向行政单位报告挂失，申请补发，但并不能就此完了，还必须通知金融机关，以防范被冒名开户。

五、洗钱在国际上的近况

1. 洗钱通常都涉及跨国

一提到洗钱，就会想到跨国，这是因为在e时代中，国与国之间的距离缩小，出国很容易，而商务和财产的移转也很流行由一个国家移往另一个国家，国际银行的业务都是互通的，所以洗钱的行为最常涉及的是跨国性的洗钱，也就是跨国性的犯罪。

跨国性的犯罪是涉及到两个以上的国家的法律行为的，所以在防止犯罪上也必须要国与国间共同的合作与协调才能成功。

2. 瑞士等国恶名昭彰

在跨国洗钱犯罪行为上，以往世界上最恶名昭彰的国家是瑞士。这个国家大家都知道它是世界的花园，全世界人民收入最高的国家，为什么会变成洗钱的天堂呢？那是因为这个国家在过去采用了一项金融政策，就是银行秘密保护法，对任何在银行有存款的人都绝不透露其姓名、身份和存款金额。好了，这么一来，所有外国的黑道、毒枭、各国政府的贪污犯、被列入缉拿名单的流亡的叛乱分子、国际大盗、国际犯罪组织等都把巨额的非法得来的金钱存入瑞士的银行中，谁也不能去查问，连该国政府去查，瑞士都回答说他们有保护顾客秘密的义务，绝不透露一点点资料。

这个国家可真是罪犯的保护神呢！他为什么要这么做？说穿了，无非是希望提高银行的金融存款度，除了收取服务费用之外，并可将大笔资金借给其他的国际公司，作为投资之用，以赚取其中的利差。

其实，除了瑞士之外，还有许多其他的国家和地方也是洗钱者的天堂，其中包括意大利西西里、美国的迈阿密等。

3. 国际努力推行反洗钱法

瑞士一度确实靠巨额的存款赚了不少钱，但也被全世界所唾弃和不耻。后来经过各国政府的抗议和在国际金融行动专案小组（英文是 financial action task force，简称为 FATF，它是1990年在七大工业国下所设立的一个专门对国际金融弊端进行调查的组织）的努力下，力促各国对国际洗钱进行自我约束，瑞士已开始实行"反洗钱法"，不但要求顾客明示金钱的来源，而且如果发现金钱来路不明有义务与其他国家合作进行调查。

六、如何防治洗钱的进行

我们都知道洗钱是非法的行为，我们是好国民，是不会作这种事的，但是我们也不能不预防，很可能在稍一不慎之下，或者可能在一时贪念之下，误触法网，因而，要如何防治洗钱呢？我们应从下列几个方向来看：

1. 个人不要糊里糊涂地做了犯罪者的人头

由个人层面来看，除了不要贪图非分之想外，也应慎防不要被歹徒利用，例如不要借身份证明文件给朋友，如发现身份证或护照、信用卡、银行证件等物遗失时，要立即向警政单位报告遗失，并向金融单位完成报告手续。

2. 银行和金融单位应严格把关

在金融单位及银行方面，应严守金融规范，对存放款作业程序严格把关，对各种交易记录应长期保留完整记录，在发现有不明账款时，才不至于因记录销毁而无法查核。身为金融机构的职员也应洁身自爱，不要为不法人士和团体所利用，发现某人账户中有不明的巨额款项，应很机警地主动报告给行政单位检查。

3. 洗钱最重要的防治关卡还是在于政府的态度和防范策略

如果政府严格把关，施以严厉的处罚政策，加入世界性的组织，共同防治洗钱的发生是较为有效的防治手段。此外，洗钱的技术多涉及电脑及网络的技术，所以各国政府应要求金融单位加强电脑网络的保护措施，及各种国内外转账的登录记录和查核等。

本章参考书目及相关网站

1. 洗钱防治法规缉编．金融联合征信中心编辑委员会．1998
2. The Financial Action Task Force On Money Laundering（FATF），它是 G-7（世界七大经济国）之下的反洗钱行动委员会。FATF 的网址如下，你可以去明白其工作状况：
   http://www1.oecd.org/fatf/index.htm
3. 有关王德辉、龚如心的新闻，请阅 1983 年、1990 年、1995 年、1998 年、2000 年、2001 年各大中文报纸及网站。
4. 美国 FBI 在"资料公开"的政策之下，所公布的黑手党犯罪首领卡彭的档案网站：http://foia.fbi.gov/capone.htm
5. 美国政府档案及文件部门（National Archives and Records Administration）的网站，所公布卡彭的档案记录的网站：
   http://www.nara.gov/exhall/originals/capone.html

第四章

信用卡是如何记账和转账的?

为什么每家银行发行的信用卡上都分别有 VISA、JCB、MasterCard 等字眼呢?信用卡到底是如何带你记账和转账的?

一、什么是信用卡？

现代的人平均大都有一张到三张的信用卡，有人还更多。信用卡在使用上真的十分方便，它的英文是 credit card，而 credit 这个字是来自拉丁文，是"信任"的意思。

信用卡是一张薄薄的硬质的塑胶卡，其上印载有包括签名、照片、账号等资料。当消费者拿出信用卡刷卡时，店员会将信用卡在刷卡机上过机，消费者信用卡上的资讯经由自动阅读机器刷卡后，经由网络连线，很快地将资料传送到银行的电脑主机，再连接到客户个人的账号中去。因客户的账号记载着客户的资料，输进来的资料和当初记载的资料两相比较，如果相符，就表示正确无误，可以接受，而完成判读。

据说，在3000年以前的埃及、巴比伦等古国就开始使用记账的方式进行交易。到了14世纪时，欧洲有钱人或银行借钱给民众时，也开始使用所谓先"赊"，再慢慢地分期摊还的方式，其实这也算是信用卡的点子的来源。但当时记账的方法是借款和每次的分期还款记录，都需登记在一本簿子上，借款人和收款者每次必须盖下自己的手印，以示证明，手续是很麻烦的。

后来，为了简化交易的过程，使用个人卡片形式的设计出现了，其设计先来自美国，出现于1920年。当时，连锁的旅馆和石油公司，为方便顾客多次消费付账，而发行一种可以记账使用的卡片，卡片上写明使用者之姓名、号码等。顾客在进行交易时，不需要先付钱，只要先在卡片的空白栏中登记每次交易的数目，到了月尾时再结算，全部一起收费（注1）。

当然了，先记账就得有些规则，不然账记的不清楚，到了月底，要不然顾客不认账，跑掉了，不肯付钱；要不然就是商店把账记错了，当初开销只是1000元，却错记成1万元，让顾客吃了大亏。所以，顾客和店家都要靠得住，这就是为什么叫做"信用卡"了，彼此都要有信用，如果顾客故意不肯付钱，公司会留下记录，以后认为他没有信用，就再也不肯让他先记账了。如果允许顾客先记账，当然要收些手续费，但不论如何，这种方式确实很方便。

二、信用卡的起始者是运通银行

在早期由各种商店自己发行的交换货品的物品卡十分兴盛，例如面包店、花店、洗衣店等都会发行自己的结账卡，但规模都很小，使用者也只限于一种商品或一家商店，所以消费者可能同时拥有许多不同的购物卡。到了20世纪50年代，银行才发现这个点子可以使用在金融业上，消费者购买任何东西、到任何一家商店，都可以使用同样的一张信用卡记账，先由银行支付给不同的商店，月底再由银行向消费者结账，银行向商店和消费双方都收取一些服务费。

银行发行信用卡始于1950年，美国运通银行发行的所谓的AMERICAN EXPRESS卡，此系统在1966年在其他各州注册，在1976年取名VISA。DinersClub在1951年发行大来卡给200个顾客，让他们可以在纽约27家餐馆吃饭时先记账，所以它为什么叫做"diners，用膳者"。当然，后来它的功能不只是吃饭时记账，而扩展到其他的使用上去，虽然它的英文到今天为止仍为DinersClub，但在中文之译名上为防止误会，而定名为"大来卡"。至于MasterCard，其前身Master Charge也是一家银行。至于以磁条刷卡的技术，是到了20世纪60年代后期才发明的（注2）。

那么，使用信用卡是如何记账呢？我们可以想像，如果你向你的姐姐借钱，月底再还给她，一定是每借一次就写个借据给她，影印一张各留一份，到了月底，把所有借据都收集起来，再算总数。信用卡的原理也是一样，先把申请者的姓名、职业、地址、收入状况作记录，合格后发给使用者一张书有姓名并配有号码的卡片，以后只要用这张卡片来记账，月底再付账就可以了。在早期，所有的记账是使用计算器，把消费的原始金额的发票底案留下，再给顾客一张消费额的证明，月底银行再一张张地结算账额，当时的手续是相当麻烦的，后来电脑盛行之后，用电脑处理就方便多了。

许多信用卡图

三、信用卡的使用区域有在国内使用的和在国际使用的

信用卡先实行在美国境内，到了二次大战胜利之后，全世界的其他国家认为这种经由银行来记账的方式很方便，都起而模仿，但当时也只是在一个国家之内使用。后来，全球的商务往来已十分频繁，如果能在许多国家中共同都可使用就更方便了。例如，中国的居民在本国可以使用信用卡，到了美国、欧洲，或其他任何国家也可以使用信用卡记账，回国后再结算，不是很方便吗？这种通行全球的信用卡制度约在 20 世纪 80 年代之后，因电脑的连线而变得十分快速和便捷。

我们可以将信用卡区分成国内使用的系统和国际使用的系统。国内使用的系统只限定在本国使用，到了国外就不能再使用了。在国际上使用的目前有四大系统：(1) VISA 卡（威士卡）；(2) MasterCard 卡（万事达卡）；(3) DinersClub 卡（大来卡）；(4) JCB 卡。

在本国使用的信用卡系统，在全世界各国中都由各国的银行自己发行，据说数量不下数千种，它只能使用在限定的地区中。以北京市商业银行为例，他们所发行的京卡，只能在国内使用。

至于国际通用的信用卡系统中，VISA 卡是目前使用率最高的，在全球约 300 个国家中，有 21000 家的银行使用 VISA 系统。MasterCard 和大来卡也都是美国公司发行。刚刚提过，

大来卡当初是为了服务顾客在餐馆记账使用的,后来的发展虽然走向很多其他行业的服务,但它的定位仍以餐饮和旅行的服务为最周到,所以它在旅馆和机场服务项目上的性能较佳,比较适用于常出国旅行的人。而 JCB 卡是由日本信用会社(Japan Credit Bureau)发行,它的历史很浅,在 1961 年只是日本使用率最高的国内卡,到了 1981 年才开始发行国际卡,目前全球已有 3000 多家金融公司或银行使用此系统。

四、为什么每家银行的信用卡上都有 VISA、MasterCard、DinersClub、JCB 等字眼?

使用信用卡时,最让持卡者不解的是,到底什么是 VISA、MasterCard、DinersClub、JCB 四大系统?而这四大系统与发卡的银行之间到底又是什么关系呢?

其实,发行信用卡的是银行,你必须先在银行开户,银行必须登录你的档案和记录,发给你具有姓名和专属号码的信用卡,以作每次消费记账之用,到月底再由银行从你的账户中扣除消费额,或由你到银行来缴交消费额。这整个过程好像只是银行与顾客之间的关系,但你有没有注意到,几乎每家银行的信用卡上都各有 VISA、MasterCard、DinersClub、JCB 等字眼,而等你到银行办理申请信用卡手续时,银行行员也会问你选择 VISA 还是 MasterCard 呢?你知不知道银行与 VISA 等四家系统之间到底有什么关系呢?你必须了解发卡系统和银行之间的关系,你才能确切地了解信用卡的作业是如何完成的。

第四章 信用卡是如何记账和转账的？

我们以上述四大国际发卡公司来解释，VISA、MasterCard、DinersClub、JCB它们只是处理全球信用卡的使用与记账的联络系统，他们并不处理金钱的往来，金钱的支付仍得由你的发卡银行来处理。这个道理必须由早期记账的方式来了解，例如你和你姐姐都住在家里，你向姐姐借钱，月底拿到薪水再还给她，当然很方便。但如果有一天你到他乡去做事，你又要向你姐姐借钱和还钱，因为你住得太远没有办法亲自向你姐姐借钱和还钱，你就必须通过邮局寄信来处理借钱和还钱的事，发卡系统就是类似这种只担任中间联络的工作。

早期美国的银行如果答应远处的顾客，可以在许多不同的商店中，先记账，月底再结账，就必须要有很好的联络系统，起码商店要跟银行签约，商店要先取得银行的授权，接着商店要对顾客的消费额作清楚的记账，再把消费额通知银行，银行支付商店消费额，到了月底再向顾客的账户中扣除消费额。但美国的土地很大，商店又很多，所以这种联络系统之建构是很浩大的工程，并不是每家银行都有能力和人力在全国或全球建立联络系统。而上述四大国际发卡系统就是已建立好联络系统，专门为所有的银行提供联络和记账的工作的一种服务。

以上海银行发行的申卡为例，他们并不是在全球设有许多分行的，但为了服务他们的顾客，上海银行也很希望当顾客走到世界任何一个角落时，都可以使用上海银行申卡的信用卡先记账，但上海银行申卡实在没有能力自行与全球的商店联系，所以要委托VISA作联络的服务。如果你是上海银行的信用卡客户，你的信用卡上具有VISA的标记，你走到世界其他地方的商店去购物，如果这个小商店有 VISA 的刷卡机，只要通过 VISA 的系统交换机，最后都可与上海银行的账户连线了。

VISA 系统是联系商店、银行、顾客三者之间的工作，VISA 系统通知上海银行向顾客收钱，VISA 系统也通知上海银行付钱给商店。

世界上任何一家商店，他们并不管是哪家银行的信用卡，而只依信用卡上的刷卡的系统为依据，进行刷卡程序。所以，你别傻乎乎地以为，到国外去旅行，使用美国的花旗银行的信用卡最畅通无阻，使用本国的信用卡怕老外不认识中文，会造成刷卡上的困难。其实，全球各国银行发行的信用卡不下数万种，各国文字都有，全球的各家商店根本不可能认识各种信用卡，他们只认刷卡系统，也就是说是否为 VISA 还是 MasterCard 或 JCB，他们店里有无此系统的连线，如果有就能成功，如果没有连线就不能使用此信用卡。

有些人出国去时会携带二或三张信用卡，这是一种聪明的做法，其目的是怕某张信用卡上的磁条发生了故障，或临时某张信用卡在电脑连线上遇到困难，使用另外的一张卡是有必要的。所以，如果你是商人，最好还是多准备几张不同的银行和不同的系统的信用卡备用较为安全。

五、VISA 卡是全球发行最大的信用卡连线网络

以 VISA 为例，他们建立了全球最大、最密集、最复杂的

消费者记账的系统，据说其电脑网络线路的长度可以绕地球400圈，VISA的专属电脑网络称为VisaNet，在生意好时每秒钟可处理3700笔交易（注3）。

任何银行在发行信用卡时，要使用VISA的系统连线必须向VISA订约，或使用MasterCard、JCB等道理都是一样，银行的信用卡上就会有VISA、MasterCard、JCB等标记。不管你的发卡银行是哪一家，你拿着有标记的信用卡走到国外任何一家商店去，他们的刷卡机如果与VISA、MasterCard、JCB等发卡系统的电脑网络系统有连线，都会接受你的记账，并把你所消费的款项通知你的银行，你的银行先支付给商店，到月底再寄账单给你。

六、为什么有些商店无法刷你所持有的信用卡？

商店的刷卡机必须与VISA、MasterCard、JCB等系统公司连线，不然就无法作业。有些商店只接受VISA，有些商店可以接受二种以上的卡。如果商店没有与你的信用卡系统连线，是无法刷卡的，例如你的身上只带了大来卡，如果此家商店的刷卡机并没有与大来的电脑网络连线，你就没有办法刷卡，除非你换一张有连线的卡，否则你就必须要支付现金了。

商店为了要招徕消费者，通常都会为顾客作刷卡服务，商店的刷卡机是怎么来的呢？当然是要付钱取得使用权的，通常称为"租机费"，也就是说商店要支付租机费给银行和刷卡系统。但有些不肖的商店却把刷卡的费用转嫁到消费者身上,例如他们会打出现金价比较便宜,而刷卡却要多加2%~4%,但这在某些国家是不被允许的,可以去向消基会检举。

七、信用卡的种类繁多,约定不同

一家银行或金融单位可能会发行许多不同种类的信用卡,例如台湾的玉山银行发行计有:(1)玉山U卡,此卡只能在台湾境内使用;(2)玉山VISA卡;(3)玉山MasterCard卡;(4)玉山JCB卡。花旗银行是国际银行,在台湾的分行则发行:(1)花旗VISA的一般卡、金卡、喜憨卡、学生卡等;(2)花旗MasterCard卡;(3)花旗联名卡;(4)花旗大来卡等。其他银行也各自发行多种信用卡。

许多名称不同的信用卡,可能其使用的条件也有若干的差异,我们就以花旗的VISA喜憨卡为例,因为这种卡是VISA系统,在全球都可使用,喜憨卡是银行与消费者约定每刷一笔就将会提拨0.35%捐给"喜憨儿文教基金会"。例如,你买了一双鞋子2000元,用喜憨卡刷卡时,电脑也会记录你捐了7元给喜憨儿基金会作慈善之用,这是你当初申请信用卡时与银行约定好的,表示你是一个有爱心的人,当你自己花钱时,你也会相对地作一些小小的慈善捐款。

每种信用卡的申请条件和各种优惠办法都不相同,例如申请花旗金卡者年收入需要新台币100万元,而一般卡年收入只要45万元。各种卡的信用度和宽限额也不相同,所谓信用度或宽限额的意思是你每个月可以刷卡最高的额度，有人较高，有人较低，要视个人的条件和当初的约定而定，这个意思就好比你向你姐姐借钱，她知道你每个月只赚3万元，所以她每次借给你的最高额度不超过2.5万元，因为她怕借给你太多，到后来你没有能力偿还，她就很头痛了。

至于在优惠方面，你在与银行签订信用卡时，就要自己选择好理想的条件。例如，有些信用卡约定在你出国旅行时，如果用信用卡刷卡支付飞机票费用，平安险最高可达约美金50万元以上，另外还有行李遗失或延误的赔偿，有些银行为了拉拢顾客以赠送玩具等方式来吸引顾客。

本章注释、参考书目

注释

注1　Howard Strong. What Every Credit Card User Needs To Know: How To Protect Yourself And Your Money. Henry Hold And Company Inc., 1999

注2　By Kelsey Group. Banks, Credit Card Companies And Local On-line Commerce. Kelsey Group Publish, 1999

注3　请参阅 http://www.usa.visa.com/personal/about-visa/

参考书目

1　周绍贤. 信用卡启示录：新世代理财新巨星. 台北：远流出版公司，1996

2. 上海银行、花旗银行、MasterCard、JCB、DinersClub 请进入相关网站。
3. 本章感谢花旗银行电话客服人员对相关问题的答复。

第五章

歹徒是如何制造仿冒的信用卡的?

歹徒是很容易就能制造出来伪卡的,所以你千万要小心保护你的信用卡的安全。

一、仿冒信用卡是一种十分容易的犯罪行动

我们在上章中提过，如果你手头很紧，向你姐姐先借一些钱周转，如果你们住在一起，或来往很密切，你当面向她借，她会放心一点，她知道是你本人借的，不怕你会赖账。但是，如果你住在别的城市，借钱的手续是要靠书信往来，在信中写明彼此约定的信号和你的签名，然后她会把钱汇给你。很不幸的，如果你有一个不良室友，知道你与你姐姐的这种约定，他会使用你的信号，并偷偷模仿你的笔迹向你姐姐借钱，等你姐姐的钱汇到而提领一空。

提款卡和信用卡被盗领都有两个先决条件，就是密码被识破了，以及仿冒签名，这两件事都很容易做到。密码可能是你无意间自己透露给别人的，或是别人用尽心机骗取到的，至于签名就更容易了，只要拿到一份你签名的手稿，多练习几次就会模仿得很像了。因而你就不难明白，在市面上假冒的伪卡是多么猖獗的道理了。

当你在使用信用卡时，你最要留意的是刷卡的店员，因为他就像你的室友，最有机会接触到你的信号和签名，他是用"盗录机"拷贝你的密码，并由消费签单，模仿你的签名笔迹。

信用卡被仿冒是如此地容易，只在于密码被盗拷和签名被模仿，如果你要保护你自己的权益，不被歹徒侵犯，你就必须要注意个人的签名不要留下记录，另外密码被盗拷是由于不肖之徒具备"盗录器"。

在讲究科技的 e 时代中，有知识和智慧者是强者，但有知识和智慧者并不见得全都是好人，为非作歹的人在 e 时代和环境中可能更需要知识和智慧，否则根本无法进行新时代的犯罪行动。当歹徒努力地在学习科技新知识和实际使用的方法时，一般守法的老百姓却高枕无忧地只会享受科技的成果，却不求了解科技的原理，在毫无防备之下，是很容易被歹徒乘机侵入而无警觉。为了确保守法者之权益，个人实应对现代的 e 知识的原理有起码的认识和了解，当每个人都明白歹徒是使用什么方法进行不法行为时，才能让歹徒没有行动的机会，而保护大家的利益。

本章中，介绍信用卡的制作原理的目的，就是要让你明白，歹徒盗拷信用卡是多么容易的一件事，也让你明白盗拷信用卡的过程，而提醒你在刷卡的过程中所应留意的每个步骤。

二、先了解信用卡的构造和信用卡上的资料

信用卡是什么？如果你有信用卡，请把它拿出来，让我们一步一步地来了解它的构造和卡上的资料。

1. 号码及公司的标志（logo）

信用卡是以硬质的塑胶制成，在塑胶的两面各加上薄薄的一层套色的封面，这个封面可以由信用卡公司设计自己的标志与图案。我们再接着看看在卡片上包括哪些资料：在正面有发卡公司的名称，接着是一排数字，这排数字是信用卡最重要的

部分,这排数字代表什么意思?我们试以花旗银行的这张信用卡为例:(请阅下图)

信用卡的编号

4321 5678 0000 1111

(1)第一个数字代表系统码,4是VISA系统,如果你的信用卡第一个数字是3,则是代表旅行和娱乐界的信用卡,例如美国通用卡和大来卡开头的数字就是3,至于5则是Master-Card万事达卡。

(2)第二到第七位(上述之321 567)在VISA系统中是银行号码。

(3)第八到十五位(上述之8 0000 111)是持卡者个人的账户号码。

(4)而最后一位(上述之1)是检查号码。

上述这些号码的排列所占的数目,每家银行和发卡系统并不完全相同,但基本的原则是:先辨识发卡系统、再标示银行号码、再加上个人账户号码,最后再加上检查号码。

2．信用卡上的磁条烙有最重要的秘密资料

反面之磁条也是信用卡最重要的部分,磁条可以储存许多资料。信用卡的磁条的成分和其使用原理如同我们使用的录音带,在磁条上记载了国家、姓名、账号、信用卡的有效期间、识别资料、个人交易记录以及再次检查的号码。当然,这些资料你自己看不见,而别人也看不见,所以用磁条记载的原因就是让人无法用肉眼辨识,才能保密。(下图)

信用卡上的磁条

信用卡的磁条是只读的,所谓只读的意思是只能读取,不能再增加另外的资料。使用磁条作为资料的识别时,因为磁条是深咖啡色的,而资料又以电磁方式记载,除非使用刷卡机,一般人是无法用眼睛看出来的。即使使用刷卡机,磁条上的资料也只是立即经由系统网络传送到银行的电脑主机中去核对资料,商店的刷卡机并不能阅读到相关的资料。当核对的资料正

确无误,刷卡就可以成功,而你的这笔消费也同时登录下来。可见磁条是一种严密的保护作用,但是如果歹徒把磁条复制就没有办法阻止伪卡了。歹徒在复制磁条时,并不见得会知道你的背景,歹徒仅是将磁条上的电磁符码一模一样地拷印下来,当歹徒购物后,通过刷卡机由系统网络传送到银行的电脑主机你的档案中去,他提走了物品却仍然会记你的账,所以当然就算盗刷成功了。

3. 磁条上的资料必须由读卡机来读取

因为信用卡最重要的一个部分就是磁条,所以我们必须要了解磁条的原理。

其实,磁条并不只是使用在信用卡,像飞机票、银行存折、办公室员工上下班打卡时使用的员工证等都有磁条。这些磁条的原理都是一样的,是在纸张的或塑胶卡的表面涂一层磁粉和黏胶混合的磁化物,在此磁胶上以高压打上一些代表使用者身份的符码。当使用者将烙有磁条的文件或卡片塞入磁卡核验机(一般我们称它为读卡机)时,核验机有电磁流通过,快速地核对使用者的符码,是否与已储存在电脑主机中的资料相符,如果相符就可通过认证。你不要怀疑,电流的速度很快,这种检验过程会在不到1/10秒的时间中就会完成。

我们由上面的磁条使用过程大约可以了解,使用信用卡刷卡的整个过程应包括两个部分:(1)持卡人信用卡上的磁条。(2)读卡机。磁条是储存资料,而读卡机还原资料。

4．信用卡的磁条很容易损毁，千万不要跟其他的磁铁接近

我们先来看看磁条的原理：磁条是一条涂以一层塑胶或树脂的长窄形的薄膜，在塑胶膜上再结合一层铁的氧化粉末（磁铁粉），此氧化物是附着在塑胶膜上，有时尚加了一层光漆以作为保护不被磨损之用。因为氧化铁具有磁铁作用，假如你将之暴露于磁场中，通常是会被磁场吸引。这种特性可使我们在磁带上作符码的记录，任何时候通以电磁时就会还原符码。但你也得注意，在我们日常生活中有许多具有磁性的带子，例如你的磁碟片、卡带或你的其他的信用卡（例如你的皮夹中有两张信用卡，不要对放或重叠放置，必须套以保护膜或分开来放），日常生活中的一些磁铁（例如冰箱上的磁铁夹）等，都不要靠近你的信用卡，否则你的信用卡上的磁条会受磁场之吸引失掉资料。

5．黑色的磁条性能较佳，浅咖啡色（或棕色）的性能较弱

你仔细注意一下，在你所使用的卡片中，有些磁条的颜色是黑色的，而有些则是浅咖啡色的，你再注意一下会发现，像影迷俱乐部的会员卡这种无关紧要的卡片大概都是浅咖啡色的，而你的银行提款卡和信用卡则是黑色的，这是因为颜色越黑，磁条性能越佳，越有保障，当然在制作成本上也越高。

磁条为什么会有黑色的和浅咖啡色的呢？我们由其制造原理来解释。

磁条的压制原理是在卡片上压一道磁铁粉和黏胶的混合

物,磁铁粉的分子是以电压压上去的。电压的方式分成两种,一种是较低的电压,另一种是较高的高压。

用较低的低压压上去的磁铁粉,是以普通的磁铁粉作原料,再加上约300单位的Oe(Oersteds,磁力单位)。而用高压压制的是以钡铁原料,必须加上600单位以上,甚至加以2100、2750、3600、4000单位的Oe才能压制成形。

高压的磁条在制作上较精细,在符码的记载上较为保险,不易脱落,一般的家中的磁铁都不会造成它的损坏,它另一个好处是一般的读卡机不易破解其符码,所以不易被盗录,当然高压制成的磁带成本也较高。如果你想看看你的银行是不是对客户的权益很重视,只要看看银行给你的信用卡上的磁条是什么颜色的就能明白了。

6. 磁条上的资料是以符码形式制成的

现在,我们再来看看磁条上如何记载你的资料吧!

你不要误会,以为磁条上记载了你的姓名的中文字样,只是颜色是黑色的,所以看不见而已,其实磁条上的资料根本不是文字,而是符码。

在制作磁条的符码时,是使用电脑先作资料之输入,电脑需装入配合磁条符码的特定的程式软件(它与制卡机一起出售),电脑再连接制卡机、磁条制造部分。

在电脑键盘上打出使用者的姓名、出生年月日、卡号、账号、信用度、使用期限等等,当电脑把资料输入时是转换成符码为表示,它并不是一种文字,而只是一种由0与1组成的符码。

例如我们的年收入栏如以 0 与 1 来表示，如果是二位元的符码，就会出现如下的排列组合：

00，01，10，11

而这些排列组合可大有用处，例如我们要表示年收入，我们可用下列方式来表示：

00＝100 万元以下
01＝100～300 万元
10＝300～500 万元
11＝500 万以上

如果我们使用四位元的符码，就会出现如下的排列组合：
0000
0001，0010，0100，1000
0011，0101，0110，1010，1100
0111，1011，1101，1110
1111

假如我们用它来表示居住地，就可设定成下列的表示方法：

0000＝台北　0001＝台中　0010＝高雄　0100＝基隆　1000＝屏东

0011＝桃园　0101＝新竹　0110＝宜兰　1010＝彰化　1100＝花莲

0111＝台东　1011＝台南　1101＝外岛　1110＝其他

你看，这样的使用方法不是方便多了吗？当然，符码到后来，还必须经过特定软件程式的还原的程序，才能还原为文字资料，否则都是一堆0，1，0，1的符号，怎么可能看得懂是什么？

除了二位元外和四位元外，常使用的还有六位元，六位元的资讯就更复杂一些了。当刷卡机刷卡后，是由电脑连线把符码再送回电脑主机，再还原成文字资料，而完成认证与登录。

磁条上的符码有一种是标准式的（例如，ISO/EC7811模式），其符码可在许多读卡机中读取，这种标准式的可使不同银行的提款卡，可以在任何一部提款机中转账和提领现金。但另一些符码则是比较特殊的，就不是所有的提款机都能读取，所以你在提款前必须先注意提款机上的说明，只有哪些类型的金融卡才能使用此提款机。如果你的提款卡上的符号与提款机的符号不同，你就不要把卡塞进去了，因为系统不同，你是无法提款的。

7. 其他成分

现在的信用卡和金融卡为了阻止仿冒，在制作上更为精良，卡片上尚有一些光学图案或晶片，无非是使歹徒在制作上更为困难。

三、歹徒是如何制造仿冒的伪卡的？

我们了解了信用卡的组成要件，就很容易知道歹徒制作仿冒的伪卡并不是一件很难的事，笔者很希望读者能了解制作伪卡的过程，而能提高警觉，注意保护自己的信用卡之安全。其制作过程大约有下列几个步骤。

1．歹徒必须先盗取磁条中的资料

信用卡的资料储存最重要部分就是磁条的符码之辨识和认证，如果取得信用卡之磁条符码就等于成功了一大半。但信用卡是放在每个消费者的身上，且磁条的符码也不是肉眼可看出来的，可是歹徒却有办法盗取，是因为消费者在购物之后，就必须把信用卡交到售货员的手中去刷卡机刷卡。在售货员拿到信用卡到还给你之间，你的信用卡短暂地脱离了你的掌握和监视，这一段短暂的时间，歹徒已大有作为。因为歹徒会交给不肖的售货员一台外形像小学生铅笔盒大小的机器，这台机器在英文中叫做 magnetic stripe copier，即磁条拷贝器，在中文中叫做侧录机，或俗称的"小老鼠"（请阅下图）。

俗称"小老鼠"的制码与读码机

磁条拷贝的原理很简单，用一个最简单的例子说明，有人使用一个没有资料的空白磁带（就像我们录音或录影的空白卡带一样），把它放在有效的信用卡的磁条上，用熨斗加低热，稍微地熨两秒钟，再撕开，你就得到一份与原卡相同的资料（当然，你不需要真的去实验，如果技术不好，就损害了一张原卡）。拷贝器的基本原理就是将磁条上的符码拷贝下来，然后再在新的磁条上用电压压上相同的符码。

2. 盗拷的"小老鼠"很容易就能买到，价钱也很便宜

　　一些网站专门卖不法器材，其中包括："磁锁解开器"一种装着电池的小插入器，可进出许多旅馆、银行、办公室的入口刷卡处；"磁条拷贝器"可将信用卡的资料拷贝到一个新的卡上去；"磁卡窜改器"它不但有磁条拷贝器的功能，尚有额外的附加功能，它可以将原始的磁条上的资料作修改，但必须要连接电脑，并使用特定的软件。另外还有"汽车防盗器的扫描机"、"遥控器或安全门的扫描机"，反正，只要是人类能设计出来作保全之用的，人类就有能力破解。

3. 搜集到磁条的符码后，如何开始制造新的信用卡？

　　市面上的各种信用卡都有自己不同的图案设计、标致、记载项目、磁条，以及姓名和卡号等，但其中最重要的部分是磁条，因为磁条的符码是隐藏式的，当磁条的符码被盗拷和破解后，其他部分的伪造就很容易解决了。

　　我们先来看看，歹徒是如何先取得使用者之姓名和卡号的。持卡者的姓名、签名、卡号在刷卡时就要由售货员核对，在存根的收据上也都留有资料，所以歹徒如果能央求售货员盗拷磁条的内容，当然也会把消费者之姓名、签名和卡号留存下

来。

有了姓名、卡号，再加上已取得了磁条的内容，制作一张仿冒的信用卡就根本不费吹灰之力。首先是先去购买一台制卡的机器，这种制卡机器是以美国出产的为最多，其次是日本、韩国等均有生产，承包大宗的信用卡制作和刷卡机的全套设施和技术，但销售对象大多为政府单位和公司行号，几乎没有公司会以个人为销售以象。但在美国和日本、韩国所推出的轻便型、由个人就可操作和使用的制卡机也十分普遍，在美国各州和各城市中的黄页电话号码簿以及电脑网站上，很容易就可以找到购买的相关资讯。

美国和韩国公开贩售制卡机并不算违法，因为制卡机经销的对象和目的是公共组织、党派等团体，他们购买制卡机是为自己的会员制造会员卡。此外，俱乐部、休闲中心、旅馆业等也会购买制卡机来制作会员证。甚至美国的大、中学生经常组成各种社团，学生为自己的社团的成员制作各种会员卡是很平常的事。

如果买了制卡机进行非法的伪卡和仿冒卡之制造，是属于个人之非法行为，自己要承担未来法律的制裁，并不是制卡机器公司的责任。就像制造刀械的公司，他们可以合法贩卖，但刀械用于工程用途还是用于伤害别人，则是购买者个人的动机与行为。

4．制卡机从图案、照片、浮雕花纹……一体成形

制卡机的价钱并不很贵，但也要视机型和功能而有不同的

价格，简单类型的卡片之内容包括：图案、姓名、卡号和使用者相片，至于精密型的制卡机甚至可直接在卡片上制作磁条和压制磁条上的符码。至于加浮凸文字或浮雕花纹，本身在机器上就设定有此功能，而可一体成型，有些机器没有此功能时，需要另购浮凸制作机。

买到制卡机要如何进行制卡呢？我们不妨由制卡机的原理来了解，制卡机必须包括下列几个组成要件和功能：

（1）制卡机必须与电脑结合才能输入资料，电脑就是一般的个人电脑即可，但却得使用特殊的软件，此软件必须在购买制卡机时由公司指定，因为有了软件才能在电脑中下达各种制作和资料输入的指令。开始制作时，电脑必须与制卡机连线，开启此制卡软件后，按照程式指令，进行制卡。

（2）在制卡时先得设计卡片的大小、尺寸、样式、彩色、花纹、图案、公司名称、使用者姓名、卡号等。这些制作过程有些像绘图软件 photoshop，可在软件程式中下达选用色彩、制作图案、合并文字等命令。卡片上的图案和特定的公司标志可事先用手绘或拍照，用扫描机扫入电脑中再作合并和修改。整个信用卡的正面和反面的图案和彩色都设计好后，再加上姓名和卡号。

（3）如果在信用卡上要加上照片，也可由扫描机把会员的照片扫入，加在卡片图案中。

（4）卡片的图案设计都已完成，你就要准备印刷输出了，此时你要把制卡的原料：原型的塑胶卡片和表面的那层薄膜，放入制卡机的指定位置，在电脑中下指令输出，制卡机就会在塑胶薄膜上印制卡片的图案，并在机器中以高热黏附着于塑胶卡片的两面，接着就可输出完成。塑胶薄膜的黏着作用，有点像我们家中使用的封塑机的原理。

（5）因为卡片需作彩色印刷，所以制卡机中必须要有十分精良的色带，这种色带由制卡机的公司作周边产品销售，而原型的塑胶卡片和薄膜也是属于周边产品，也需购置。

（6）至于卡片最精细的磁条部分如何制作？有些制卡机是一体成型的，机器本身就已设有加磁和制作符码的作用，但你仍要在电脑中使用制卡公司的特定的软件，在键盘上打入相关的资料，再下指令输出，即可开始压制磁条和磁条上的符码。至于歹徒所盗拷的磁条符码，他可以将侧录机连接电脑，而由电脑中还原盗拷来的资料变成原始资料，重新再将资料由磁码程式中输入。

四、如何保护你的信用卡的安全？

我们大约已知道信用卡的制造并不是一件艰难的事，而歹徒也无孔不入，很容易盗取你的资料，快速地制作出来仿冒的信用卡，因而我们对于自己的信用卡应善尽保护的责任，才能避免损失。要如何保护你的信用卡的安全呢，请注意下列事务：

（1）到不是自己很熟悉的商店去购物，在刷卡时，让信用卡的刷卡过程尽量不要离开自己的视线。

（2）在网络上购物，特别要留意网站的安全性。

(3) 遗失了信用卡要尽速向银行报失。

(4) 注意每月账单，如有不明款项，立即请求银行调查。

(5) 自己的信用卡不要随意借给他人，或由他人保管。

(6) 刷卡后的存根，最好能多保留一段时日。

附注：使用提款机时，提款卡是如何被盗拷的?

提款机所使用的提款卡上面的磁条码的原理，与信用卡是相同的，但提款卡并不要签名，而是在提款机上按出密码，此时歹徒制造仿冒的提款卡的方式与信用卡稍有不同，但大致说来都是先得使用侧录机（小老鼠）为主要的工具，把磁码盗拷下来，再重新制作一张新的。其犯罪的过程是这样的：(1)假装工作人员修理提款机，把提款机的外壳拆掉后，加装一部侧录机和密码重复探测机，再把外壳很快地装好，无辜的民众在提款时，所有的资料已被拷贝了一份，歹徒在几个小时后，很快就要再把侧录机和密码探测机拆掉，否则很容易就会被发觉。(2)美国曾发生这样的案例，歹徒自行制造一部与提款机一模一样的机器，放在偏僻的某街市的一角，当然了，它不是与银行有连线的真的提款机，它的内部是盗拷机，民众误以为它是提款机，把提款卡放进去后，这部伪机所进行的工作只是拷贝所有提款卡的资料而已，当盗拷完毕后，卡片被吐出，当然不会有任何的现金和资料，民众以为机器故障，只有生气地离去，歹徒收集到资料后，很快就把伪机撤走，歹徒拿到收集到的资料，重新制造新卡，再到真正的提款机上去提款。(3)如果是内贼，则是提款机的工作人员或工程人员监守自盗。

你需要注意的是：(1)不要在街角很僻静的地方或很陌生的地方的提款机提款。(2)如发现提款机没有故障标示，却吐不出现金和任何说明时，立即通知你的银行询问究竟。(3)希望银行改进提款技术，例如更换为技术较进步的 IC 卡，或发现有密集式或大笔提款时，银行应立即以电话找到当事人求证。

本章相关网站

1　关于信用卡的使用介绍、种类、申请方式等，请上网络查询。
"中国信用卡之窗"网址是：http：//www.creditcard.com.cn/
2　关于 VISA 在亚洲的网络请连接：http：//www.visa-asia.com/homepage.jsp
3　本文感谢花旗银行电话客服人员之问题答复。

第六章

机器人真能取代人类吗？
——谈人工智能的发展

你希望买个机器人作为你的仆人、伙伴或情人吗？你想这一天会实现吗？机器人会不会比人类聪明？

一、什么是人工智能

在 e 时代中，人们很喜欢谈到人工智能，到底什么是人工智能呢？前些日子好莱坞有部电影就是以"人工智能"（AI，Artificial Intelligence）为名，它是讲一个小机器人，却有人类的感情，不断地寻找人类的爱的故事，他的好朋友也是一位机器人，但却是一位心地善良、外貌英俊的牛郎。

AI 故事虽然感人，却并没有说明什么是人工智能，是人类制造的精密的机器人就称为人工智能吗？我们真能像电影一样制造出能善解人意的小孩，可以使用甜言蜜语、哄得女孩子高兴的牛郎吗？并不尽然，电影只是理想化，真要达到这个地步，可能还需要一段日子的努力吧！

在本章中，让我们来讨论有趣的人工智能，机器人是否真能成真？以及人工智能的可行性等等有趣的问题。

首先要说明的是，人工智能并不见得完全指的是机器人，当然如果有一天人类真的能制造出来与人一模一样的机器人，那当然是人工智能发展到了顶峰了，起码目前为止尚有许多困难等待解决。目前，科学家们已努力地发展出许多使用电脑来代替人脑和人力的工作，这些也都算是人工智能。

人工智能，英文字为 artificial intelligence，简称为 AI，简单地说它是由科学和工程所制造完成的一种智能型的器具，特别需借助电脑之系统和程序而完成。它可模仿和复制人类一些最重要的特征和行动。人类自称是万物之灵，要比动物进化多了，所以自视是有智能的生物，如果人类的智能并不是由母亲怀孕自然诞生的血肉之躯所产生的，而是由人工所制造出来时，我们就称它为"人工智能"了！

二、现在的科学技术只能制造一个 IQ 不是很高、只有小学程度的机器人

我们在谈到人类的智能时，最关心的一件事是智商（IQ），我们老是要问"某某人的 IQ 有多少呢？"有人成绩很好，我们老是想到，他好幸运，IQ 很高。另外，人类随着年龄的长大，IQ 就会增高，试想一个五岁的小孩子，他再怎么聪明也比不上一个年长的人。那么有一个有趣的问题了，人工智能有没有 IQ 的分别呢？人工智能会不会随着年龄而增长呢？好了，告诉你吧，我们现在研发的人工智能可能 IQ 还是很低的，机器人的智商大约只有小学生的程度，我们当然希望我们的机器人长大，也变得跟成人一样聪明，但是到目前为止，我们的科技尚在初级的阶段，要发展高阶的人工智能，尚待努力。

我们在教养小孩子时，除了要教他们写字、说话、画图、唱歌、做劳作、锻炼身体之外，尚要教他们作人的一些基本行为规范，例如训练一个好孩子是要教他有礼貌、对父母孝顺、对朋友要有感情、在社会中要守法、要学会随机应变的能力，要了解政治、经济、哲学、科学、社会学等等学问，所以做一个人类真不简单，好像要学的东西一辈子都学不完，那么机器人是不是也要学这么多呢？对的！机器人如果真的要与人类很

相似，如果不学这么多东西，怎么能成为人类的替身呢？机器人所要学习这么多的东西，我们都可称为是在人工智能的研究范围内。

人工智能是很复杂的技术和学问，据专家们说，目前要学习机器人的制作，必须要涉及下列的各种学问：电脑程序设计、工学、力学、数学逻辑、心理学、神经生理学、机械语言学、行为学以及一些知识资料库建立的技术等。

三、机器人最重要的两部分——头脑和眼睛

人工智能和机器人在制作上的基本原理，主要是在电脑程序之晶片的设计。其次，机器人之制作尚需视像系统之辅助，因为人在感察外在物时，有两大最重要的部分，一是头脑，二是眼睛，我们可以说电脑程式是头脑，而视像系统则是机器人的眼睛。

机器人的头脑部分之设计，是由科学家在机器人的头部装置了电脑程序，其中包括逻辑运算和推演作用的程序，并装置了具有巨量资料的资料库，可以让机器人在遇到一个问题后，迅速地先进行逻辑运算和推理作用，然后在资料库中寻找最适合的答案。

到於视像的眼睛部分的设计，是在机器人的头部设置类似照相机作用的影像输入装置，我们姑且称它为光眼好了。当机器人与迎面而来的物件相遇时，物件立刻会被光眼摄取，然后很快地把拍摄下来的物件的影像，烙印在一个金属版模上，金

属版模上所收集来的物件的影像会立即快速的、与早已储存好的标准资料来比对，两采取下一步骤的动作。例如在 1979 年，某家公司设计了一个在室内可以自由移动的机器人，他遇到障碍物会自动闪躲，也许你会很好奇，它怎么这么聪明？知道会躲避前面的障碍物，说穿了就不稀奇，因为在它的头部装置有一部可以自由转动的照相机，它可以多角度来拍摄各种不同的画面，再把不同的画面快速地传给身体内的电脑程序，电脑程序可立即分析机器人脚步与前面物件的距离，进行下一步的回应动作。例如，当机器人进行扫描时，发现前面 20cm 的地方有障碍物，机器人就会改变行进方向，而走到右边没有障碍物的地方去。

当我们人类要进行太空探测登陆火星行动时，因为顾虑到由人类登陆尚十分危险，所以设计由机器人登陆。在登陆之前科学家就已将火星上的温度、地形、气压等相关的资料输进机器人的资料库中，并给机器人装置了影像视觉系统，除了能将在火星上的景象用照相机照下，送回地球之外，机器人在走路行进时，遇到障碍物，光眼早已可以扫描到影像，电脑程序可以辨识和避开前面的危险障碍物，所以当机器人遇到一个火山口时，不必等人类的指示，就可以自己避开。

由机器人的制作原理你就会明白，机器人的智能还是由人类所创造出来的，你需要什么样子的机器人，原则上是由科学家们在程序设计时所设计出来的。机器人的电脑程序中储存着许多早已设定好的标准的资料，所以我们可以说机器人是绝对服从主人的命令，因为这些标准资料就是它的命令指示。由机器人的特质来看，让机器人代替人类做劳力的替代工作是最恰当的。

四、人工智能目前能做些什么

当有人说某人的 IQ 只有七八十分时，你就明白这个人实在不是一个很聪明的人，现今的人工智能的 IQ 大约也是这样的。人工智能跟人类不能相提并论的另一点是，某人的智商虽然很低，但却能同时做很多事，例如人类可以一面唱歌一面跑步、一面思考一面东张西望，而目前的人工智能却只能依照它的电脑的程序之设计，做出反应而已，尚不能有自主性的思考与统合能力，所以它还不能算是具有人类自主性思考能力的机器人，它只是程序设计出来的、代替人工的、由电脑操作的器具而已。

目前人工智能的应用，在我们日常生活中虽不是很高阶，但在应用上已经很多了，下面举一些例子：

1. 电玩

你最喜欢玩的"电玩游戏"就可说也是一种人工智能，它是采用一种程序的运算和逻辑的推理，当操作者用键盘下达一个指令时，电脑主体会立即进行一个运算而做出回应。

也许你会说，你玩电玩老是输家，就从来没有赢过，这是怎么一回事？那是因为人要对付的是电脑猛暴的力量，因为电脑的速度非常快，可能比人类的思考快很多，而电脑的程序运算在一秒钟之内会进行上千百个反应,除非你特别聪明、经常练习、对电脑程序已非常熟悉,才会赢得过电脑。

当然,你也得弄清楚,跟你比赛的电脑程序是哪一种的,如果是一种速度很快、运算程序非常精密形式的电脑程序,我看你就不要去自找苦吃吧。有些设计人员,专门给反应不是很灵敏的人设计了一些"笨"电玩,让玩的人赢的机会较大,就是要维持人类的自尊心呀!

2. 语言之辨识系统

它是在1990年初期发展的一种人工智能,就是把电脑设计得可以跟人类进行语言上的沟通。

美国的联合航空公司,为给机场的顾客提供飞行时间和地点的消息,过去采用的电脑系统是由键盘输入,例如你要知道从洛杉矶飞到纽约的航空班机的班次和时间,你走到电脑旁,按照指令由键盘一步步输入指示,最后找到你要的资料,这已是十分方便了。后来,技术上更进一步,联合航空改用语音辨识系统,你只要对着电脑旁的麦克风说出你的飞机号码和城市名称,荧光屏上就会告知你讯息,这样就更方便了。

3. 不会电脑打字,用说的就可以了

有许多老学者,不会使用电脑的文字输入,也就是说不会使用拼音符号或仓颉码作输入。目前,我们在中文输入方式上,虽然有所谓的"光笔"等东西,把字写在光板上,连到电脑上,显示器上就会跑出字来,但光笔的辨识能力很差,如果

你写得潦草一些,说不定电脑就笨得认不出来了,而且使用光笔在效率上并不得很好。所以,许多不会文字输入的人,他们希望能发明一种用讲的就可输入的方式,面对着麦克风讲话,电脑就会立即输入所讲的字,这有多方便呢?目前在市面上已出售这种语音输入器,你不妨试试看其效果如何。

　　语音输入器不止对不会文字输入的人有很大的帮助,对一些科学家、医生也很有帮助。例如当医生一面开刀,一面把开刀的过程说出,经由挂在嘴边的麦克风输入到电脑中去,可以做正确的记录。科学家在作实验时也可以一面分析实验品,一面用讲的把过程记录下来,实在是很方便又有效率。

4．学生以后上课都不需要抄笔记了

　　于是,以后大学教授或老师每堂上课时都使用电脑的语音输入器教学,用嘴巴说出来的教授的内容,都可累集成文字而变成讲义,学生也用不着抄笔记了,所有的内容都可以录进个人电脑中去变成了文字……,你觉得这种方式好不好呢?你也用不着买书了,也不用再练习写字了,手都要退化了……,未来是一个怎样的世界呢?让人既憧憬,又觉得恐怖……。

　　目前所使用的语言输入器的应用大约都是简单的语音辨识系统,也就是说,使用者说些什么话,电脑只是记录下来还原而已。专家们还希望能更进一步地发展与电脑的对话,电脑不仅把你的话乖乖地记录下来,还会对话,帮你出主意、陪你聊天,甚至跟你顶嘴、吵架、辩论。

　　你别以为电脑真的会说话和会听话,其实这些语音辨识系统说穿了还是由人类所创造的，专家们把语言的可能反应都用电脑程序输入电脑主机，当人类提出一个主题时，电脑会在其资料库中作快速扫描，在许许多多的答案中，以逻辑运算的方式，找到一个最适合的答案给你而已。

5．各种特殊工作的代工和专门工作之执行

在电脑中设计一些程序可以代替人类做一些特别的事情，例如在医学上，用以诊断血液中的感染，并提供治疗的处方，但后来有人提出异议，认为电脑诊断只是机械化的，并不能针对个人的特殊情况作为诊断，所以它的能力还是有限的。

另外，像利用机器人到火灾现场去救灾，倒是好主意，因为这样可以帮助人类进入不能进入的危险区域。

航空公司训练飞机驾驶员，在遇到高空气流危险状况时之处理，也必须使用机器人作演练，其原理是设定危险状况时之气压、摇动程度等，让机器人来测试。美国的太空总署（NASA），就使用机器人进行到火星表面探测和外太空探险的工作，另外像无人飞机等都是相同的原理。

有些银行和金融机构自行开发了一套是否给予某人信用卡及其借款额度之评估系统，说穿了也不稀奇，只不过是电脑收集了某人多方面的资讯，例如他的职业、他过去的记录、他与别家银行往来的状况、他的资产等等，电脑作全部的归纳后再作一个结果之演算，提出评分之答案。

你可能玩过电脑红娘或电脑配对的游戏，它也是利用输入的资料作分析，找出最适合的人选，但是你认为电脑配对真的

靠得住吗？这可要碰点运气了，因为电脑中的资料即使是正确的，但人类的感情是很复杂的，而且又会受到未来某些不能预料的外力影响，两人能否维持感情，尚需"日久见人心"了！

五、机器人是许多科幻小说的最爱

　　上面我们大约已解释过了，人工智能与机器人之间是一种并存的关系，人工智能是由电脑模仿人类的能力，代替人类处理一些工作，但其执行时仍得由电脑程序进行，一次只能执行一种功能。至于机器人，则是制作成人的外形，有头、有躯体、有四肢，还有反应与思考能力。机器人在制造时不仅是程序的思考技术，且要配合躯干和四肢的行动，在制造上就更困难了，所以可以说，机器人是集合了所有人工智能的总合。

　　目前，我们仍以人工智慧的研发和使用较多，至于机器人的研发虽然市面上已出现过很可爱的小机器人，但似乎都属于电动玩具，例如日本曾出售过一种可以在客厅中缓慢地转来转去、给主人运送咖啡的小机器人，但它的动作十分笨拙，机件也很容易发生故障，到后来就没有再生产了。到了2001年美国好莱坞的大导演斯皮尔伯格拍出了卖座的电影《AI》后，机器人又成为人们热门的讨论话题。

　　人类在很久很久之前就梦想着，有一天能制造出机器人来，许多科幻小说家很喜欢用机器人作为写作题材，像著名的安徒生的童话《木偶奇遇记》，就是说一个老木匠制作了一个起先不听话、又喜欢撒谎的小木偶，后来经过老木匠的感化，

第六章 机器人真能取代人类吗？——谈人工智能的发展

在仙女的鼓励下，逐渐变成真正的小孩的故事。其实，许多著名的电器公司早已进行研发和制造机器人，不过制造的都是金属的机器人，而不是木偶。

许多著名的公司都希望能以制造机器人为荣，像西屋（Westinghouse Company）在1939年时展示了他们制造的机器人艾利克托（Electro）。它有2.14m高，118kg，它可以走路，用指头算到10，可以讲出在它面前的颜色，以及会玩其他20多个把戏。这个看起来很笨拙的机器人身体里可是藏了近7600m的电线（注1）（请阅下图）。

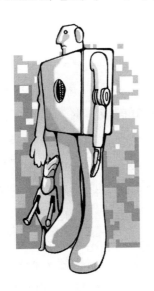

1939年，西屋公司所制造的第一台机器人Electro大约是这副模样，虽然十分简陋却已有人的模样；它的身后是一台机器狗

通用汽车（General Motors）是在1961年开始设计和制造机器人的，后来许多独立的公司陆陆续续地制造机器人手臂，以协助工厂代替人工进行劳力操作。到了1970年初期开始用

电脑控制，1974年制造出来的机器人，已设计了当有人碰触它的手臂，它会缩回去并有压力感觉的机器人（注2）。

到了20世纪80年代机器人与电脑结合，使用在工业用途上较多，由于微电子技术之进步，工业机器人已十分精细，外形也不会像以往那么笨重了。

到了今天，机器人成为全世界人类共同的兴趣焦点，大家都想着；能不能制造一个跟人类一模一样的机器人？能不能订作一个像我自己一样的机器人，什么工作都由它来做，我自己留在家中睡大觉？能不能找到一个善解人意的机器人爱人？

六、人与机器人谁比较聪明？

电脑和机器人的使用成为现今科技上最热门的研究主题，当很多人都期望在机器人的研发上有更好的成就时，另有一些人却持反对的态度。他们认为，机器人是不合人性的，将来有一天满街都是机器人时，我们真正的人类要做些什么呢？记得斯皮尔伯格的电影《AI》中的小男孩就与机器人争风吃醋的情节吗？这种事真会发生吗？现在让我们来讨论一些这方面的问题吧！

首先，我们要探讨一个重要的问题是：人与机器人谁比较聪明？如由技术上的原理来比较，机器人比较聪明，也比较单纯，但如由社会化和哲学意境上来比较，人类随机应变的能力比较强，人的坏点子比较多，人心是变化莫测的！我们由下列几个角度来讨论这个问题：

机器人是由电脑程序组成，在速度、短程记忆之反应上是由电和光的速度来进行的，其进行速度绝对比人类为快，在长期之资讯回复上也绝对是正确的，因为所有的资料都早已设定在程序中，除非更改程序，是不会有所变动的。而人类就不行了，再聪明的人，即使再有学问，在回答问题时，可能无法立即在自己的大脑记忆处把所有的相关资料扫描一遍，再挑出一个最好的答案。有些答案，在事后才能想起来，有些答案过去会，而现在已忘记了。

但是人也有优点，例如，人在面对不同的情境时和不同的对象时，会随机应变，我们常提到的一句俗语："见人说人话，见鬼说鬼话"，就是表示，有时人在面对某人时是言不由衷的、是虚伪的。其次，人类的记忆可能会随着当时的情境而作改变和扭曲，记忆的能力有时也会随着年龄的增加而变得遗忘和作新的改变，而这些都是电脑不会发生的。

七、高级的机器人应具有人文、哲学境界的涵养才算成功

目前，科学家在制作人工智能和机器人是以数理和科学的技术来进行建造，也就是说机器人只能进行资料之运算，至于如何让机器人也有人类的人文、社会和哲学的精神和涵养，则是十分困难的事，因为在机器人中如何植入感情、道德、是非、喜乐、愤怒、报恩甚至仇恨的情绪，则是很困难的技术。

由社会学的观点来看，我们人类生活在世上，个人的生活

状况、际遇甚至命运,并不是完全决定在自己的手中,我们必须与其他的人往来,接触社会的形形色色,我们必须遵守社会的规范,与其他人竞争,以争取自己的地位。我们在社会中也不能独善其身,必须要了解待人处事的道理,还要广结人缘,随机应变,才能适应环境。

人的随机应变的能力比较强,是因为人生活在世界上,知道待人处世的方法。人的点子比较多,情绪变化莫测,是因为人有七情六欲,有感恩的心,也有仇恨的心,会因为受到鼓励而奋发向上,也会因妒忌而进行报复,而机器人则没有这么复杂的情绪变化。虽然有些科学家已由神经机械学、心理学、生理学、生物学的角度来研究这个问题,但能不能完全模仿人类的情绪反应,仍是技术上绝大的困难和艰巨的挑战。

总之,人类的社会是太复杂了,做一个人类,不仅要随时补充时事和新知,还要视社会的状况和其他人的反应而随机应变,在这么复杂的情势中,在机器人的体内如何能植入所有的这些资料和反应?即使一些有野心的科学家已努力地想解决这些问题,但人类的社会现象实在是太复杂和多变的,想完整无缺的记载下来所有的人类社会现象,你认为有可能吗?

八、制造机器人是坏主意吗?

希望机器人能与真人一样,是科学家的理想,却是人文学家和哲学家的梦魇。

机器人能否与真人一模一样,在目前仍是争论不休的事。

有些科学家很有自信地说，他们已慢慢可以解决机器人自己成长、学习、思考、反应的技术，也有科学家说他们正在设计机器人的味觉，让机器人跟人类一样可以吃东西（因为机器人是金属做的，只能上油而已）。据说味觉建立的方式是，在机器人的嘴巴里植入可辨识甜、酸、苦、辣的晶片，食物经过铁齿之咬嚼后，吞入铁胃中，但它并不能被吸收及排泄，而是每隔一段日子，由机器人的主人，也就是人类帮它把胃中的东西，倒到垃圾筒中去清理一下。

即使机器人连吃饭、睡觉都跟人类一模一样了，但是有些科学家仍不得不承认，机器人仍无法跟真人一模一样，人工智能永远无法达到真人的境地。而且有人说，由人类正常的结婚生育是最方便和最自然的生殖方法，何必花那么多的金钱和心力去制造一个假人呢？

有人也会担心，如果在机器人的体内植入邪恶的晶片，机器人也可能变成邪恶的大坏蛋，这是很有可能的，例如在电脑程序中可下指令，命令机器人携带危险物品摧毁建筑物，或攻击某种特征的人……这些都是很容易办到的。

九、未来制造机器人须先取得许可证

最后，让我们来预测一下未来机器人会往哪方面发展？机器人可能越来越多，价格越来越便宜。做给孩子们当玩具用的机器人可能最多，在工业用途上用的机器手臂和电眼等也会越来越被使用，在危险工作和外太空的探测上也需要机器人代劳，但坏人也可能制造邪恶的机器人去进行不法的事情。所以，未来政府可能会对机器人的制造公司进行严格的监管，必须先经过申请，要制造哪种机器人，机器人的功能、性质等都需要先提出详细说明，经过审查通过后，才能被批准制造。甚至到最后，每一个机器人都得取得合格使用号码，就像我们人类有身份证字号一样。

当然，一旦机器人大量生产，取代了人类的劳动力量之后，许多人类就会失业了（其实现在就已开始发生这个问题），任何事情都由机器人代劳，人类在体能上就会越来越懒散。不可否认的，一些心术不正的科学家会制造邪恶的机器人，在人类自己不争气，而机器人又越来越精密时，人类可能走向毁灭。

但赞成机器人研发的人则认为，人工智能和机器人仍只是一种工具而已，机器人虽能帮助人类做很多事，但技术上仍有瑕疵，人类自己仍需进行各种学习和职业训练，机器人之设计是用来帮助人类而非取代人类。

总之，人类的特征和行动是十分精密和复杂的，能够制造出来完全像人的机器人，目前还只是梦想，我们只能一步步地来，先研发类似人类语言的程序，来作发音的识别，再进一步制作一些帮助人类代工的机械工作，这些都是值得发展的，且都是可以帮助人类的。这些都只能算是初步的发展"人工智能"的程序，但能做到这些都已很了不起了，至于再进一步研发人类的逻辑思考程序和情感的反应等，还真要再努力下去呢！

到目前为止,全世界各国的科学家们都十分努力地在进行人工智能的研发,但技术上的问题很不容易解决,尤其是人类的思想和情感的反应,如何能用电脑程序表现出来,是最难解决的问题,所以人工智能的研发绝对不是一个人能完成的,而是许许多多的不同领域的专家们共同完成的。

本章注释、参考书目及相关网站

注释

注1 http://prime.jsc.nasa.gov/ROV/history.html

注2 同注1。

参考书目

1 戴森著. 王道还译. 电脑生命天演论:人工智慧的演化. 台北时报文化出版,2001
2 特非尔著. 陈月霞译. 人工智慧之谜. 台北时报文化出版,1998
3 Nils Nilsson. Artificial Intelligence: A New Synthesis. Morgan Kaufman, 1998
4 Haym Hirsh. Play With AI. IEEE Intelligent Systems, 1999
5 Stuart Russell and Peter Norvig. Artificial Intelligence. Prentice Hall, 1997
6 Iran Pratt. Artificial Intelligence. Macmillan, 1994
7 Steven Tanimoto. Elements of Artificial Intelligence. Macmillan, 1995

8 Kevin Knight and Elaine Rich. Artificial Intelligence. McGraw-Hill, 1991

参考资料，请到下列地方去搜寻

1 美国有个人工智能学会，其名称为 The American Association For Artificial Intelligence，在网络上就可连接到该会。

2 著名的大学像斯坦福大学，麻省理工学院等都设有媒体实验室，以及人工智能或机器人实验室，我国的许多大学也设有人工智能实验室，近几年也有不错的研究进展。

第七章

虚拟实境是恐怖分子的最爱？

电脑可以营造出一个虚幻的真实的环境，让你走入一个平日无法进入的场所，例如火场、高空飞行、古墓。恐怖分子正好用它来训练攻击的目标。

一、虚拟实境带我们走入一个虚幻的世界

你想不想到埃及去旅行呢？充满神秘色彩的金字塔的古代帝王陵墓是每个人都向往一游的，但去金字塔一游谈何容易？除旅费很贵之外，你有没有体力和胆量进入神秘的地下窨穴呢？即使都有了，金字塔内部的所有角落并不是都可以开放给游客进入的，埃及政府为了保护古文物，除了少数学者和考古学家必须申请核准才能进入外，有些地底陵墓是不开放给民众参观的。

越不能进入，越会吸引你的向往，你真的想去体验那种空气中弥漫着霉潮的气味，举着火把，只能在阴暗的光线中，看到磷磷石壁中的阴暗的石室。你在石室内走动，终于找到石棺了，你打开石棺，你似乎听到石棺中帝王的尸骸发出卡卡的声音，吓得你全身起鸡皮疙瘩……。当然，全世界上能亲身体验这种情境的人，可能没有几个人，不过，你不用遗憾，你可以从电脑中的"虚拟实境"来体会。

二、赛车的虚拟实境是最受欢迎的电脑玩物

你看过赛车吗？各种世界名车，以绝高的速度在跑道上急驶，这种比赛除了要有名车外，还得要有超级的驾驶技术，在超高速的比赛中必须要与别的选手抢跑道，在转弯处还得特别小心，否则会造成可怕的伤亡。但是，在比赛时那种乘风急驰

的快感，以及一旦得胜后被万人欢呼的得意状况，可能是许多男人认为是值得冒生命危险所换取的。

　　当然，这种经验可不是每个人都能尝试的，例如，你有没有足够的金钱可以买车和接受训练？你有没有胆子上场？你在比赛时能不能控制危险的情境？你的家人答不答应你的冒险？如果有任何一项是否定的，你都不可能从事这项活动，但你对这种经验又想去试一试，只想试一次而已。在过去，这是不可能的，在现在，你可以使用虚拟实境来尝试。

三、虚拟实境与电玩、电脑游戏是有差异的

　　在电脑游戏的软件中，你可能早已玩过赛车的游戏，那是使用遥控杆，用双手来操控前进、转弯的动作，你只能眼看荧光屏上的情节的变化，最后你可由记录中得知你获得多少分。虽然这也是一种很刺激的游戏，但总比不上实际上去驾驶跑车来得过瘾。

　　我们一般都以为，制作得十分精美和逼真的电玩或电脑游戏就是虚拟实境，其实它们还是有差异的。虽然虚拟实境也是电脑应用的一种产物，但是，虚拟实境可以增进电脑游戏软件的临场的真实感，虚拟实境可以让你真正感觉到，人坐在车子中、手握驾驶盘操作的实际情境，也能让你感到飙车的快感，甚至感到对手的威胁。在这种情境中，你所要用到的不仅只是手的操作，而是包括了眼睛、四肢、头脑与全身的神经和反应动作。

如果要由虚拟实境来体会埃及金字塔和赛车的实际经验,并不是只由先进的三D动画,以及精良的电脑游戏中来进行就能完全取代了。如果你真的想获得亲身体验的效果,除了眼见场景之外,你还必须听得到声音,你可以四处游走,你的四肢还可以发出动作,接着在你的情绪上还会发生反应,例如吓得起鸡皮疙瘩,或者起了贪念想把石棺中的金银珠宝拿走,或者想出诡计取得胜利。这是虚拟实境与三D动画及电脑游戏不同之处。

现在许多动画公司帮助许多公司行号,设计一些三D立体图像,作业务说明或环境介绍,就自称是虚拟实境,这是不对的,因为虚拟实境要比三D动画复杂多了,在设计的技巧上困难多了,配合使用的器材也复杂多了。

四、头盔、护目镜、遥控手套都是进入虚拟实境世界必备的行头

我们大约知道了,虚拟实境比三D动画的环境更为丰富和多变化,你要进入虚拟实境的世界,必须要有一些行头。首先,你需要头戴头盔(在英文中的名称为head-mounted display简称HMD)和护目镜(在英文中为stereographic crystal eyes,有时被简称为LCD glasses),去看电脑建造的影像,你的手上需戴特殊的手套和操控杆,去进行电脑中指示的行动。

头盔中装备着追踪器和其他的控制器,当你的头部作左右

摆动时，头上的追踪器可以跟着现场情景而移动，当你头抬起来时，你头上的追踪器会把你的头部仰起的角度传送给电脑，电脑程序立即演算出来角度，而到资料库中去抓出你应面对的景象的图案，当你面对这个图案时，你就看到头上的情景了。

当你的身体左右摆动时，头部之追踪器和姿态追踪器，会把人的反应再送回电脑中，电脑根据人的反应，跟着现场的情境而移动，并能作快速的计算后，再寻找下一步的反应的程序。

你的手上戴着特殊的手套和握着操控杆，经由手上的操控杆而与电脑世界相连接，而产生互动，例如你只要移动姿态就可以抓取物件，好像真实的情境一样。

声音和音效也可使你好像真的进入电脑的世界中了。

虚拟实境就是使用三D画面和声响，而创造了一个人工的视觉和声响的经验。在进行时，让人产生更多的情绪和反应，也让人更能沉溺于其中的幻境中，所以电脑所控制的不仅是画面，也能控制对人的感官刺激，电脑似乎让人走入一种真实世界的经验中。

五、虚拟实境是由不同的专业技术组成

既然虚拟实境的作用是如此真实和强烈，那么在制作过程上就必须非常的精密。让我们来看看它的制造原理是什么，我们由下图来看（注1，资料来源：Baocca and Delaney）：

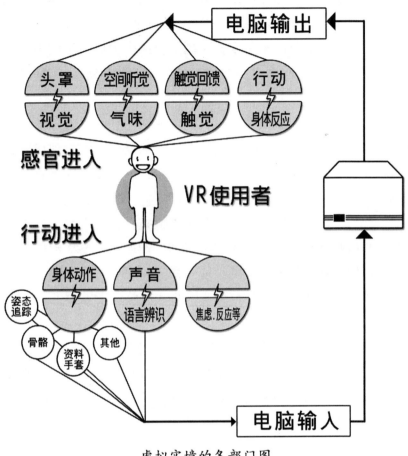

虚拟实境的各部门图

(1) 电脑和软件仍是必须的要件，因为我们必须通过电脑和软件的画面才能进入虚拟的世界中，因而软件的制作需要十分精良。例如，埃及古墓的探险，制作公司必须对古墓中的画面制作得十分逼真和精细，画面的分镜要作事前的设计，画面要多，衔接的地方要仔细，彩色和光线都要经过合理的安排，声响的设计也要仔细和生动，好像身临其境一样才行。使用者的电脑容量和性能也要很好，否则不能发生配合的效果。

(2) 输入：在电脑的软件部分，可以让操作者输入下列部分：

① 身体行动：身体位置的追踪器、骨骼扫入图形、手套动作时之资料记载、其他电脑计算的程序；

② 声音：说话语言之辨识；

③ 自动化之反应。

(3) 操作者——必须要有电脑显示的必要备件，例如头盔、眼罩、操作器（手套、遥控杆）等。

(4) 电脑及显示器、软件。

(5) 输出：

① 视觉：要戴头部接收器，有眼罩，接收电脑中之影像和反应；

② 听觉：具有身临声的感觉；

③ 触觉回馈器：感应触觉回馈的效果（连接到皮肤上，可产生一些或者微弱刺痛或者震动的感觉）；

④ 力量的回馈和行动之展示：当手和四肢发出动作后，电脑中可计算出多少力量及行动的方向，而产生自己的行动方向，以及本体感受的反应。

总之，虚拟实境是一种先由电脑画面显示实景后，再由连接的各种器材对人体作动作，让人体产生感应和反应的技术。也就是说，它是由人与电脑作交互式组合。有了这些装备，真实世界就可以封锁在外面了，你可以在室内享受你自己的世界。

六、虚拟实境能做些什么？

1. 由于研发费用高昂，多以政府机关、军事机构以及科技公司才能负担得起

虚拟实境可以让人走入电脑的世界中，产生的幻境就如同真实的情况一样，它的发展和制作具有相当大的争议性，其中最主要问题是：到底要制造哪种软件才能在市场上被接受？而虚拟实境的顾客应是谁呢？

由于虚拟实境的软件制作需涉及许多技术问题，因而其资本额一定相当可观，也必须动员许多的人才和技术支援。但是，制作精良之成品，如果花了很高的成本却不能畅销，其在财务上之损失必然是巨大的，所以虚拟实境成品之开发不是一般的软件公司所敢轻易尝试的。任何一家虚拟实境的公司在产品制作之前，必须先订立有周详的制作目标和行销策划。到目前为止，肯花钱去进行研发，并期望有效使用虚拟实境来作业务上的辅助的，大多还是属于政府机关、军事机构以及资金庞大的科技公司、大公司行号、医学界和学术研究界等。

某些较先进的国家的政府机构利用虚拟实境进行一些困难度高或机密性的训练。例如美国要发展外太空的探测，模拟对月球、火星的登陆，他们不可能真的派人上去，最好的方法就是虚拟实境，把月球、火星以及外太空的所有环境的资料完整

地输入电脑程序中，再以逼真的画面和声响呈现出来，作为太空人的训练之用。美国政府在作军事训练之爆破、降落、登陆时，亦先借助虚拟实境作初级人员熟悉现场环境和气氛之用。医学界使用虚拟实境作为医生的精细开刀、进入人体器官检查以及临床心理的治疗等的医学训练之用。

2．成为恐怖分子的最爱

过去20年间，全球恐怖分子经常对美国驻外大使馆进行攻占行动，并经常对大使馆内的人员进行劫持、绑架等恐怖活动，美国政府不得不训练一些精锐的拯救部队，在遇有重大攻击行动时，能出面进行营救。

为使这些负有拯救任务的人员，平时就熟悉驻外重要机构的地理位置和房间内部的布局，并作各种紧急情况之应对及攻破方式之演练，训练单位就曾花了大钱，制作与真实现景一模一样的虚拟实境的软件，作为平时模拟演练的工具。遇有大使馆或重要机关一旦真的发生被歹徒占据的事件时，特殊的拯救部队可以很快进入，在很短的时间中就可以控制现场，而将之弥平。

由电脑的模拟状况中，就可进入某政府重要机关的内部，而取代实景的训练，这确实是一个十分有效率的方式。但是，很不幸的，它也就成为恐怖分子的最爱。恐怖分子欲攻占或欲劫持某一国的大使馆、军事要地、某飞机场或某重要机构等，他们也会事先把这些机构的内部建筑结构、外围环境、武力的布署方式等，先制作成与实景一模一样的虚拟实境的软件，提供给他们的成员作为熟悉场景和攻防训练之用，不但节省了许多金钱和人力，一旦真的进行攻击行动时，在很短的时间中就可进入情况。

恐怖分子最常用以进行模拟的是飞机的驾驶舱的飞行训练，除了可在夺取飞机后自行操控前往的目的地，并能控制机舱内的其他机员和旅客之行动。

3. 救灾训练的教材，但效果堪忧

美国若干有钱的都市和州政府，亦发展一些都市灾难和紧急的社会事件之处理的虚拟实境的训练，例如区域火灾、地震、高楼救难、隧道阻塞、高架桥折断、全市因特殊事故而作紧急疏散等。许多民营媒体公司也经常向政府单位推销其虚拟实境的设计方案。虽然有些富裕的政府单位也大力以资金支助，来发展虚拟实境，但是意外事故总是来得突然，不是人类所能掌握的。即使救难人员平时熟悉虚拟实境的训练，但很可能在事件真的发生时而慌了手脚，或是灾难的过程与平时的训练并不是十分相符。所以，这种虚拟实境的电脑设计，能否真正使用在实际发生的刹那间，很值得怀疑。

4. 精细或较复杂工业技术的模拟操作训练

美国许多著名大工业公司在进行技术的训练时，常借助虚拟实境，例如著名的几个大汽车制造公司：通用公司、福特、雪佛兰公司等在进行汽车车祸现场的反应及汽车的耐滑和耐振度之实验时，不可能由真人实景作现场的操作，必须借助虚拟实场作为演练。

另外，像核能电厂、深海探险、隧道工程、石油和矿石探测等都很难有机会进行实地练习，而必须借助虚拟实境来训练新进人员进入初级的情况。

现今建筑业就很喜欢使用虚拟实境推销其盖好的大厦实景，可以由有意购买者由电脑中进入大厦内部参观。

5. 作为娱乐使用时，常会走火入魔

最后，我们最感兴趣的是想知道虚拟实境用于娱乐方面，它能做些什么事呢？最常为民众接触的是虚拟实境的电玩游戏。这种游戏与一般电脑游戏不同的是，它不仅要用双手操作，也使用眼睛，以及全身的感觉，它可能完全让人沉溺其中，而不能自拔。

使用虚拟实境制作的娱乐产品包括森林和古堡探险、赛车、到太空探测、与外星人联络、战斗、竞技等，但也有公司制作虚拟的与异性朋友交友的产品。在与异性交友的虚拟实境的成品中，制造公司通常设计俊男美女，画面上极尽挑逗，在声音、配乐上也相当淫秽，再加上感官刺激，常使意志薄弱者只能沉浸于虚幻的爱恋之中，而无法面对真实的世界。

6. 用作临床心理的治疗——例如帮助恐惧症、焦虑症、忧郁症之患者

恐惧症、焦虑症、忧郁症等心理与精神疾病的患者，大多与其人格特质、家庭状况、幼时记忆、工作环境、精神压力、人际关系、社会适应能力等有关。心理疾病的患者大多是精神

状况的问题大于肉体状况的问题，如能偏重精神和心理方面的治疗可能较有效率，因而心理学家十分积极地发展适当的虚拟实境的程序来进行心理治疗。

根据心理学家的观点，各种不同的恐惧症大多是来自焦虑性的失衡，而导致心理上的失序，尤其在现代化的社会中，社会压力大，人际关系冷漠，例如有些人会产生"广场恐惧症"（害怕一个人在空旷的地方停留，自己会产生一种被遗弃的感觉），以及社会恐惧症等。另外，有些人在个人行为上有所偏差，而造成个人习性上和行为上的一些恐惧现象，例如有人害怕坐飞机、有人怕登高、有人怕蛇、怕蜘蛛、怕女人、怕禁闭、怕孤独、怕黑暗……。

对焦虑症的患者之治疗，学者专家们大多使用渐进式的心理抚平的方式进行治疗，这种方式大多是让患者逐渐接触会造成刺激与反应环境，渐渐熟悉引起焦虑的情境，让心境平静安和，不再害怕。传统的方式是由心理医师作催眠、恳谈、现场的模拟练习等，而现今心理医师发现，如使用虚拟实境的方式效果会更好。

心理医师认为，在虚拟实境的环境中会让病人觉得更安全，也会减少在接受治疗时的紧张和困扰。例如一个怕坐飞机的人，如能以虚拟实境的方式，先让他了解飞机舱内的构造，熟悉飞机起飞时的气压、声响、场景等等，他就会逐渐熟悉这种环境，而解除了内心的恐惧。此外，像怕蛇、怕蜘蛛、怕女人的心理治疗方法，也是采用先让病人从电脑画面中，熟悉他所惧怕的东西，再配合情境之心理辅导和治疗，其效果可能较仅靠与心理医师作心理辅导，要理想得多。

现今，已有许多医学中心和大学进行心理治疗性质的虚拟实境的电脑软件之制作，也开始招收一般学生学习。要申请入学的学生必须具备两方面的知识，一是心理学，另一是必须熟知电脑与人类互动的技术，所以它是一种专门性的知识和技术。如果你有兴趣学习，不妨到美国各大学的网站上去搜寻一下相关的资讯。

七、虚拟实境目前的研究和发展以财力雄厚的政府机关和科技公司为主

我们大约了解了虚拟实境的制作背景和使用状况后，对其制作的原理和过程就可以很容易地明了了。它最重要的制作部分还是软件的设计，软件本身是由三D动画制作，画面设计和制作需要精良，跳页的动作和画面要生动，在变化上则要丰富，相关的资料储存也应正确和丰富，程序设计上要细致，才能让使用者觉得具有刺激上的快感和变化上的多彩多姿。

除了软件外，使用者配备的器材，例如头盔、目视镜、耳机、操作杆等的功能，都要与软件的内容相配合，且性能要求很好，才能确实感受软件表现出来的身临其境的真实感觉。

虚拟实境除了结合了三D动画、绘图、资料库、影音多媒体、网络连接之外，在制作上其实还涉及光学、数学、神经网络等原理，所以在制作上需要十分先进的技术，且需很高的成本，在发展上并不是很普遍。

目前在世界各国的发展中，仍以美国一马当先，其次为德、英、法、日等先进国家。美国为什么对虚拟实境如此重视？那是因为美国主要的使用目的是以科技、军事、医学为主，而这三种研发的主要支助者，大多为财力丰厚的政府机关与学术机关以及著名的工业技术公司等，尤其是美国的太空总署（NASA）的若干主管，每年都极力争取预算，建立军事和外太空探测之虚拟实境的制作，成为虚拟实境技术发展上最大的金主。当然，美国尚有些用于秘密的军事操练和航空人员的训练，其发展的状况都是保密的，就不能为我们所知了。

虚拟实境的装备

在学术界中，许多著名的大学的资讯科系，也有发展虚拟实境的部门，但其发展多在技术和实用方面。例如，在英国的伦敦大学和皇家学院之虚拟实境中心，就是结合电脑科学、图像、工程学等学院，并接受工业界的资金捐助，来发展和设计建筑物以及郊区之规划的虚拟实境，以供作未来的都市建设和景观设计参考。

在软件的设计方面，除了许多科技、建筑、医学等公司进行研发外，一般娱乐制作公司，例如 Virtuality Group（其网址为：http://vtd.fel.tno.nl/~virtgrp/Public/framed.htm，你不妨自己亲自去看看，里面有很不错的图片）、Division、Sense8 等公司是快速成长的公司，电玩的大公司如 Matsushita、Sega、IBM 等也发展虚拟实境的软件。其他的像迪士尼公司绝对是这方面的高手，在迪士尼乐园中你可以亲身游玩设备良好的虚拟实境的现景。另外，制作电影《星际大战》的卢卡斯艺术公司（其网址为 http://www.lucasarts.com/，其图片相当精美，值得上网一游）和派拉蒙公司也都制作很好的娱乐使用的成品。

八、虚拟实境具有什么争议性？

还记得 2001 年 9 月 11 日，纽约世贸大楼被恐怖分子以劫来的飞机自杀式地直撞全世界第五高的建筑物，而造成全球人类的梦魇。据说，劫机的恐怖分子早就学习过驾驶飞机的技术，当歹徒制服了驾驶员后，就接下驾驶座，而把飞机对准了摩天大楼，直接贯穿大楼内部，造成大厦起火崩陷，致使近6000人死亡。后来，据调查报告说，恐怖分子学习飞行技术的地方，除了付昂贵的学费去美国的飞行学校学习之外，美国微软正好有一套游戏软件，内容是飞机在纽约上空快速飞越、追逐、并有几度快要撞上纽约的世贸大楼的惊险画面。据说，这套软件中所模拟的程序资料与实际状况相差无几，恐怖分子也大可利用闲时，在家中以电脑虚拟复习操作过程。

这种梦魇未来可能是轻而易举的，因为任何大厦、公司、工厂、建筑物、机构，甚至军事机构、金融机关等，只要资料正确，制成电脑程序软件后，使用者进入资料库中，可以很正确地找到方向和路径，通过各机关的内部，畅行无阻地到达目的地，甚至可下达摧毁和破坏命令。

在欧美色情网站上，已出现使用著名的影视明星，成为电脑虚拟的性爱对象和梦中情人。试想，任何一位女士成为成千上万人夜晚的性爱对象，这是多么无辜的事，而且有人痴恋成迷时，还会威胁女士的生命安全，到了后来，这变成一个怎样的世界呢？

许多学者和卫道人士都呼吁，21世纪快速的科技，让人类弄不清什么是真实什么是虚幻，而造成人性的消失，最后只能造成人类精神上的空虚，以及神经病患和激进分子的增长，而认为科技的脚步太快是灾难，并不是福祉。但是另外的一群科学家们却认为，科技的发展对人类仍有助益，而且地球已快要呈现衰老，很快的就要不能承担人类的生存需要，人类必须要有远见，开始计划着往外太空移民和发展。在往外太空发展的过程中，高度的科技发展是必须的，人类必须开始摸索和适应一些光、电科技，因为未来的世界和宇宙可能就是一个靠着光、电构成的感应的世界，否则人类如何能通过那么漫长的时光隧道，进入别的星球呢？

人类要往何处走？你的意见是什么呢？

本章注释、参考书目及相关网站

注释
注1　Biocca, F. and Delaney, B.. Communication In The Age Of Virtual Reality. Lawrebce Erlbaum Association, 1995: 3～14

参考书目
1　汪琪，锺蔚文著．第二代媒介．台北：东华书局，1998
2　Howard Rheingold. Virtual Reality. Touchstone Books Published by Simon and Schustor Co., U. S. 1997
3　John Vince. How to Understand the Techniques and Potential of Virtual Reality. Springer Book Company, London, UK. 1998

相关网站
下面是美国休斯顿大学与太空总署（NASA）联合制作的太空科学之三D虚拟实境之网站，其以电影模式呈现，其网址为：http://www.virtual.gmu.edu/vrhome.htm，你可以上去看看，不过你必须注意所要求的电脑规格和容量，以免当机。

第八章

e时代的破坏和犯罪者
——恐怖分子的思想与行动

你还记得那恐怖的一幕吗？纽约双子星大厦被飞机撞毁，它将在历史上留下人类难以忘却的梦魇。什么是恐怖分子？他们为什么要进行这么可怕的破坏？

一、什么是恐怖分子？

　　9月11日，简称是911，这个数字在美国的电话号码上，相当于我们的119，是任何人遇上灾难或受到别人威胁而情况危急时，打电话向警方求救的号码。但很不幸的是，在2001年的9月11日，世界第一大都市纽约在早上9点钟时，正好是繁忙的人们开始上班的时间，纽约最繁荣的商业区曼哈顿最高的两幢建筑物双子星大厦，在前后不到十几分钟的光景，被两架美国飞机一左一右的、各自直穿而过。当然你可以想像，当时的情景有多么恐怖，大厦的顶端立即冒出火焰和浓浓的巨大的黑烟，过不久后，大厦整个倒塌，死亡的人数多达5000多人，受伤送医者更不计其数。

　　哪有这么糊涂的驾驶员，会眼花到看不见那两幢高楼大厦而不小心开着飞机撞上去？当然是故意的和有预谋的，他们的目的就是要造成毁灭和死亡。这为21世纪e时代的破坏和犯罪开启了序幕——激进分子本·拉登和他的同伙，策划了这次恐怖行动，受害的美国不得不展开反击，要求阿富汗的塔利班政权把躲在阿富汗山区的主谋本·拉登交出来，塔利班拒绝后，美国展开了21世纪的首场战争，把人类推向一个彷徨、敌对的不可知的未来！

　　恐怖分子为什么要制造这个震惊全世界人类的毁灭行动？我们不妨对恐怖分子的过去与未来作一番了解。

　　首先，我们应对"恐怖分子"（英文是terrorists）这个名词

第八章　e时代的破坏和犯罪者——恐怖分子的思想与行动

作一个定义，也就是说哪种人应被视为恐怖分子？所谓恐怖分子是指，以不可预料的暴力行动和非法行为反对政府、公众或某一个特定的团体和个人，采用相当激烈和残暴的手段，例如暗杀、劫机、爆炸、武装作战、生化武器攻击、间谍斗争等，刻意造成尖锐的敌对和特意的破坏的行动，我们称这种情况为恐怖事件，执行这种行动的人我们称他们为恐怖分子（注1）。

恐怖分子图

二、谁是恐怖分子？

恐怖分子又分成国内的恐怖分子和国际的恐怖分子，国内和国际的恐怖分子是依其犯罪的地区和犯罪的诉求、所涉及的因素和行动对象而定。

国内的恐怖分子是指一国之内的破坏与犯罪者，这些人破坏一国之内的法律，在一国之内以暴力进行破坏、威胁和暗杀等，其行动并不是受到国际恐怖分子的指使与联络，其目的是为了达成某一个国家内的政治或社会诉求。

　　国际恐怖分子虽然会锁定某一个国家为恐怖报复的目标，或在某一个国家中进行破坏和劫机、爆炸、刺杀、攻击等事件，但其目的是为了引起国际舆论之注意，达成某一个地区、种族、跨越国境的政治、文化、社会、经济、武力、环境上之诉求。

　　由这两种恐怖分子来比较，国内的恐怖分子是国内的犯罪者，而国际恐怖分子的行动和目的较为复杂，涉及多种族和跨文化的争执，恐怖分子的行动也是由一国流窜到另一国，甚至许多不同国籍的人共同参与的。像本·拉登的9·11攻击纽约双子星世贸大楼，就是国际性的恐怖活动。

　　执行这些犯罪和暴力行为的人都是些什么人呢？有些是以团体的形态出现，有些是以国家的特殊组织形态出现。但不要认为恐怖分子必然是组织庞大的团体，有时少数的几个人也可组成恐怖团体，有时个人单独行动也可能构成恐怖行为。例如，美国著名邮件炸弹客，原本是加州柏克莱大学的数学教授，自己一个人躲到深山中去，制造炸弹，以邮件寄给美国的科技界的名人，从事恐怖爆炸十几年，神出鬼没，最后还是由于他弟弟的检举，才把他抓到，原来他执行恐怖行动的目的，是痛恨美国的财团发展高科技，而破坏了大自然原始的风貌，而单独进行的一种报复行为。

除了少数个别动机和单独行动之外，执行恐怖行动的团体大多为政治上的极端分子，在政治诉求上有许多种的理由，例如，反殖民主义（像爱尔兰对英国的冲突，阿尔及利亚对法国等）、国土之间的争执（例如以色列和巴勒斯坦的争执）、宗教的冲突（例如北爱尔兰之天主教与新教徒之间的冲突）、一国之内种族之间的冲突（例如马来西亚、印尼、菲律宾、阿根廷、尼加拉瓜、伊朗、萨尔瓦多等）以及意识形态上的冲突（例如日本的红军、纳粹的理念、美国的三K党等）、个人在思想上的偏激（例如邮包炸弹客认为人类应回归到自然的本能中去，发展新科技的公司都是罪该万死的）。

恐怖团体大多是私下组成的团体和个人，但在过去和现在，也有一些国家暗中或半公开的支持一些恐怖组织。

三、恐怖分子的手段千奇百怪，防不胜防

恐怖分子是出没无常的，其使用的犯罪手法也是事先很难预料的。他使用的方法有时是公开的轰动社会的暴行，例如劫机、以炸弹炸毁公共建筑物、施放毒气，造成多人伤亡。有时是私下的个人的恐吓、施暴、欺压等，造成个人的伤害。有时却是采用间谍性的窃取机密、暗中破坏或暗杀重要人物或反对者的方式。我们来看看在过去耸人听闻的几个恐怖行动：

1. 美国的三K党

美国的三K党（原名为 Ku Klux Klan，简称三K），原是

美国在南北战争后，19世纪60年代南部失败了，林肯总统达成了释放黑人奴隶的理念，此时，南部几州的一群白人老兵组成了一个社会俱乐部。后来，由田纳西州首先发展成一个秘密的组织，其目的是反对内战后南北统一的重建，当然也反对黑白种族的平等，企图保存白人的优势。三K的名称来源是希腊字kuklos的发音，此希腊字的原意是"圈子"的意思（注2）。

其主要的宗旨和目标是反对与黑人出入公共场所时平起平坐、反对黑人有投票权、反对黑人从事公职，以及反对黑人有其他的政治权力，另外，他们也歧视犹太人、外国人。

三K党的党员除了提出反对的政治理念之外，也采取一些激进的手段对一些看不顺眼的黑人或同情及支持黑人的白人进行烧毁家园、拷打甚至谋杀等报复手段。因为他们是蒙着面罩，身穿白袍，在夜间出袭，所以很难知道是哪些人在作案。

到了20世纪20年代，三K党为了政治利益，自己发生内讧，到了1929年，美国国内发生经济大恐慌，三K党的势力开始急速消减，到了1954年时，美国强行执行黑白学生同校，并用巴士接运不同社区的黑白学生混杂上学，使三K党又死灰复燃，制造许多恐怖的炸弹爆炸案。在1964年时，据估计在美国境内的三K党党员约在4万人，但一直到现在三K党仍然在全美各地零星存在。

到了20世纪70年代，三K党自知时代潮流已不允许种族歧视以及各种非法的社会破坏行动，只有大力转型，成为一种可以公开出现在社会上的合法的政治团体，并推出其自己的政治候选人竞选议员，其主旨已不再是仇视黑人，但却仍强调与宣扬白人的优越，有些较温和的三K党是以宣扬美国白人的文化与传统的生活标准为重点。到了20世纪80年代，据估计其会员已降到5000人。但近些年来，有些激进分子仍打着三K党的旗帜，其秘密组织仍执行一些出没无常的恐怖活动。

2．日本的奥姆真理教会在东京地下铁施放沙林毒气

在亚洲的国家中，日本的恐怖组织和其恐怖分子也是恶名昭彰。20世纪70年代有"赤军"、"共生解放军"等组织。1995年，日本所发生的在东京地下铁施放沙林毒气的事件，更令人不寒而栗。

这件事的发生是这样的：日本奥姆真理教会（Aum Shinrikyo）是由一位狂人麻原彰晃所创，自视为教主。他招收了许多信徒，经常传授给信徒一些奇怪的想法，例如认为人类是罪恶的，所以要经常作忏悔和救赎的行动，而忏悔和救赎的行动最大的表现就是要服从教主的命令，要为教主工作，要为教主受苦，甚至要为教主牺牲生命，才是个人最大的诚意的表现，才能获得真主的原谅和解救。他们也认为人类是罪恶满贯的，地球即将要被毁灭。

1995年，在麻原彰晃的授意下，他们认为真主要他们带给民众世界即将毁灭的信息，而在东京地下铁的大厅中散布致人于死命的沙林毒气。它是一种神经性毒气，无色、无味和易挥发，吸入后会发生窒息、恶心、昏眩、头痛、视觉模糊等症状，吸入少量虽然可以在数星期中痊愈，但是心理上和神经上的情绪失调会持续很久，如当场吸入过量则会导致死亡。

奥姆真理教会选择在1995年的3月20日，在东京三个不同的地下铁干线的大厅和走道台阶上施放。恐怖分子是把沙林毒气放在午餐盒和饮料罐中，放在走道和台阶上，然后打开盖子，歹徒赶忙溜走。最后造成12个人死亡，5500多人受伤。

3. 自幼视觉障碍的麻原彰晃，早已看穿人性的弱点

麻原彰晃到底是一个怎样的人？他为什么策划这些骇人听闻的恐怖事件呢？

经过日本的学者事后解析和调查，对麻原彰晃作了下列的叙述：

麻原彰晃出生于1955年，年龄与本·拉登大约相同。父亲是日本传统的榻榻米的制作师傅，家境不是很好，父母疏于管教，亲子之间的关系淡薄。麻原彰晃在七个孩子中排行老六，出生时眼睛是弱视，他在六岁时，被父亲以可以接受免费的照顾和各种福利为由，送到盲人学校，直到20岁才由学校回到家中。

麻原彰晃并不是全盲，又能看到一些东西，这在盲人的孩子中是很占优势的。因为眼瞎的孩子，在黑暗中总是希望能获得一些指引，所以麻原彰晃变成了全盲孩子的指引者和领导者。他过去的一位老师在接受《时代》杂志的一位记者访问时曾说过这样的话："小时，眼瞎的孩子常请求麻原帮他们做一些事情，例如他们常对麻原说，我想到咖啡馆去喝咖啡，只要你能带我去，我请你吃晚饭"（注：请阅1995年4月3日《时代》杂志）。

第八章 e时代的破坏和犯罪者——恐怖分子的思想与行动

麻原彰晃成年后以能言善道的传教能力，有时也挟杂一些暴力和肉体虐待来迷惑和控制脆弱和失意的人们的心灵。有一些学者一直思索着，他这么在意控制别人的原因，是出自他幼年时不曾获得的父母亲情的一种补偿性的反应？还是他早已于盲人的习性中，了解人类本身就是一种经常陷于盲目、迷惘和失意的生物，是很容易被主宰的。起码，他似乎了解，只要给予失意的人一些小小的挑唆和蛊惑，这些失意的人就会很容易地失去主见而被牵着鼻子走。

长大后，他曾做过健康食品的贩售者，但并不十分成功，他也曾应征公务人员，但每次都失败，1978年娶妻生子，当他40岁时十分仰慕希特勒，自我吹嘘说具有超越的能力，在1984年以自视为救世主的名义建立奥姆真理教。学者认为时当20世纪70年代至80年代间，日本经济蓬勃发展，但肉体上的压力很大，所以当时精神苦闷的人大增，使得新形态的宗教兴起。麻原彰晃在吸收教徒时，除了自吹具有超能力外，也建立起一种他可以为人们解决苦闷和灾难的权威。虽然有人说这种权威不免有装神弄鬼和集体麻痹的伎俩，但却让每一个成员在团体的气氛中产生集体性的敬畏和团体内的慑服的效果。

奥姆真理教的内容依据其学徒的说法，虽是衍于佛教，但却强调修行、苦行，又带着玄学的超自然法则的意味，认为文明是宇宙的破坏者，预测1997年和2000年间是世界的末日。

其实，奥姆真理教除了以发动1995年东京地下铁的沙林毒气的案件为最令人战栗外，他们早就犯下许多谋杀案之嫌疑案件，其目的除了要惩罚日本人外，也要警告世人世界末日的来临。

东京地下铁的恐怖事件发生后，才使日本政府突然警觉，真理教竟早已预谋发展神经毒气、生化武器等可怕的致命武器。据估计，真理教徒目前约有1万人。

4. 1993年纽约世贸中心停车场的炸弹爆炸案，惊见炸弹威力的更新

纽约世贸中心的双子星摩天大楼顾名思义是外貌同样形式的两座110层高的大厦，位于纽约曼哈顿商业区，纽约人都以它的存在为傲，认为是纽约的地标。

但双子星大厦可能是目标太显著，树大招风，好像恐怖分子很喜欢以它为破坏的对象，专门对它下手。其实在2001年的9月11日，本·拉登恐怖分子以飞机撞毁两座大厦之前，恐怖分子早已对它打过主意。

1993年2月26日中午，世贸大厦的左幢，突然发出惊人的爆炸声，接着黑色的浓烟像狰狞的巨人一样，由世贸楼下窜出。虽然根据后来的侦察结果，炸药是放在地下室停车场的一辆厢型车上，但其威力却大到使整幢大厦都摇摇欲坠，所有的电力和电梯中断，可见威力之大，最后造成6个死亡，1000多人受伤。

由作案的残破车牌而找出破案线索，作案者是来自中东的极端分子尤沙夫（Ramsi Yousef）和他的另三位同谋共同犯行。他们的目的是什么？他们自己对调查人员说："摧毁西方文明，

人类才能得到拯救是我们的信仰！"

世贸1993年的爆炸，已使美国政府惊然发觉，恐怖分子使用仅在地下室引爆的炸药，居然就能产生这么大的威力。据专家事后调查，尤沙夫所使用的炸药内添加了小苏打氰化物（sodium cyanide），其炸弹的威力相当于900kg的TNT，可见恐怖分子的化学能力已有长足的进步，未来恐怖分子的武器可能具有更大的破坏力，是最令人担心的事（注3）。

四、恐怖分子采用的恐怖方法和武器

1. 20世纪70年代劫机行动轰动全球

恐怖分子在过去所采用的手段，不外是在街头派了杀手偷偷狙击，激烈一点的是到家中展开大屠杀。到了20世纪70年代，恐怖分子很流行劫持飞机，劫机犯要求飞机飞往某地或要求巨额赎金，否则就要杀掉飞机上的旅客或炸掉飞机。后来，世界上若干国家为了阻止劫机的流行，采取非常手段，各国订立了公约，不接受任何条件，甚至不惜牺牲机上的旅客和飞机，也绝不答应劫机犯任何要求，共同合作打击劫机犯罪。一有劫机立即派出平日就精心训练的特种部队展开攻坚，这种宁为玉碎不为瓦全的方式，让恐怖分子觉得无戏可唱而兴趣大失，因为他们本来的目的就是要让全球注目，成为新闻媒体的头条新闻，一方面可以增加知名度，又可利用劫持的飞机和人质来进行勒索的行动和目的。

2．恐怖分子的心机越来越险恶

炸弹仍被视为近25年来一半以上的恐怖行动的武器。炸弹的使用目的，大多是要破坏公共建筑物或攻击对方的汽车。过去使用炸弹的方法是事前预埋炸弹，到时引爆。但最近发生的改变是，使用的炸弹威力更强，并采用自杀式攻击，歹徒在汽车上装置炸弹后，自己开车以高速冲入某一个特定的建筑物或军营，而造成立即爆炸。

恐怖分子是很有心机的，例如在1997年美国反堕胎人士为了反对堕胎，攻击亚特兰大某堕胎门诊中心，其策略是采取双层式，先炸一处，使安全人员注意力转移，警卫疲于奔命时，立即攻炸另一处。这一招也使用在2001年的9·11纽约双子星大厦的攻击上，先用挟持过来的飞机碰撞左大厦，当人们在惊惶失措的救援之时，过不久后，另一组恐怖分子执行同样行为，碰撞右面的大厦。

3．生化武器杀人于无形

除了以炸弹攻击外，生物武器攻击也是恐怖分子使用的手段。在20世纪70年代英国伦敦曾传出这样一个间谍故事，一位在某政府机构的官员有一天在伦敦桥上步行回家，突然前面来了一位老头子，匆匆忙忙地走过来，不小心用雨伞戳了一下官员的腿部，这位官员并不以为意，因为伦敦以下雨闻名，人人都会携带雨伞。但等到回家后却突然暴毙，经医院验尸，竟死于致命的毒物谋害。医生仔细检查，竟发现是由极细微的毒针刺入。原来伦敦桥上的老人是由雨伞中发射毒针向政府官员袭击,是一种蓄意谋杀。

在生化技术上,早在 1992 年使用一种蓖麻蛋白,它是由蓖麻豆中提炼出来,具有致命毒性的,它如与溶媒混合,可以很容易地通过皮肤。间谍人员会把它沾染在要谋杀对象的门把、开车的驾驶座上或方向盘上、酒杯口上以及其他容易接触的地方,只要 0.7g 就会杀死 100 人(注 4)。但后来使用这种方法并不多,是因为很难控制要谋杀的对象是不是一定会使用到这些已沾好毒液的东西,例如,要谋杀的对象当天如果自己不开车,而是由别人开车,岂不错杀了别人,而打草惊蛇,让谋杀事迹曝光?

4．黑死病和炭疽热的病菌都可进行致命的谋杀

疾病引起的生化谋杀也是很可怕的,例如黑死病、炭疽热等。在 1995 年时,美国马里兰州的某个生物实验室中,有人用假的政府机构核发许可证购买黑死病原菌,其动机不明,实验室感到起疑而报警侦察,因而揭露了以病菌谋杀的阴谋的起端。

有些恐怖分子更想爆炸核子电厂,故意引起辐射问题,或利用原子之放射线和放射物之散布,设计污染较大的地区。CIA 的某一部门主任约翰·戴逸区(John Deutch)在 1996 年 3 月在国会作证说,恐怖分子想利用原子辐射作破坏,虽然这种传说很难搜证,但确有可能,因为原子辐射可能引起广大的环境污染而造成更多损害,不得不注意。美国的情报单位一度曾

怀疑，为什么核子器材会流到恐怖分子的手中呢？也许有一种可能是因为有内奸，不良分子会为了获得微薄的外快，接受恐怖分子的贿赂，或不满分子为达成报复而故意制造事端（注5）。

在最近几年，恐怖分子更大胆精进，竟把脑筋动到核子武器上。虽然有人说核子武器的设备精细、费用庞大，尚不是恐怖分子有能力做得到的，不必过度担心，但俄罗斯报纸曾刊登过一则消息，俄罗斯核武研究中心曾收到传真信件，某国恐怖集团竟以传真方式，要求购买核子武器和原料，可见恐怖分子想发展核子武器的野心是很大的。

五、恐怖分子的金钱及武器的来源

恐怖分子集团需要购买武器和工具，需要经常进行手下人员的各种技术训练，需要派遣作案人员前往作案地区作事前的安排与演练，还要派遣学生，以假冒留学生的身份学习高级技术，并要派遣人员伪装身份打入高级社交圈子取得情报……，这些都得金钱的支助，否则还是很难办事，因而让人好奇的是，他们的金钱是从哪儿来的？

1. 以毒品和非法交易换取金钱，也有国家支助的

据美国国务院发表的报告说（注6），恐怖分子的金钱来源多半是种植大麻、海洛因等毒品，向西方世界以走私方式贩售，或以其他非法交易换取金钱，例如武装威胁和抢劫，另外

他们也涉及洗钱、诈骗、强迫捐献、绑架、勒赎。金钱来源也由许多私人捐献而来，例如本·拉登就出身沙特阿拉伯有钱的家族。

另外，最值得关注的是，美国国务院曾发布公告说，有些国家在背后撑腰，这些国家支持恐怖组织。但由于国际舆论的挞伐及国际间的协调，政府支持恐怖组织不再这么明目张胆，但恐怖行动并不因而减少活动。恐怖组织大多由自己寻找金主支援，但有少数国家仍会在暗中给予金钱支持。为什么政府会涉入恐怖组织？大多是政治因素，而主要的目标是针对美国，要与美国为敌。

2. 化学原料和生化科技都很容易取得

至于恐怖分子的武器来源，简单的枪械等有些是自己制造，有些是由黑市中向别国的军队购买，或由全球武器市场购入，这些只要有钞票都是很容易解决的事。至于炸弹和生化武器，据说其原料之取得也并不很困难。以炸弹为例，使用工业用的爆炸物，就足够发生爆炸的破坏力量了，如果再具有更多的化学知识，把工业用原料经过混合和改良，就会制成致命的化学原料。

至于购买生化原料，在美国是很容易的事。据美国国务院的人员以平民身份作调查，想寻找生化科技公司购买原料，他们试探性地上网寻找，结果发现，只要上网半个小时就找到沙林毒气公司。当 1995 年世贸大楼地下停车场的凶手 Ramsi Yousef 被捕时，身上还被搜出生化技术的处方，可见这些生化处方很容易购买，或由黑市或灰色市场（一半合法，一半不合法）购买。有时恐怖组织也会以假的化学企业公司名义，购入原料，或以金钱聘请专家或顾问协助购买和进行制造。

恐怖分子中也有很多具有生化知识的人，或曾接受过化学训练。恐怖组织每年也曾派遣学生到西方，尤其是美国，去学习各种化学和电子方面的学问。当他们在美国留学时，看起来就像一般的外国留学生一样，毫无异状，等他们回去后，就会把美国学来的知识用来制造破坏性的武器，甚至还会设立精密的实验室，继续研究和发展新武器。

六、恐怖分子的动机

现在我们要来讨论一个很严肃但又却很诡异的问题，就是恐怖分子为什么胆子这么大，敢犯下这些滔天大罪？他们难道不知道伤害了许多无辜的生命，破坏了许多建筑物，是一件错误又疯狂的事吗？奇怪的是，他们居然对自己所执行的恐怖事件自认是一件光荣又勇敢的事，甚至不惜牺牲自己的生命和财产而勇往直前，不肯罢休。让我们来讨论一下，他们的动机如何。大致说来，他们的动机有下列几种：

1．政治上的敌对

为了达到政治目的的恐怖主义，较常发生在极端的右派或左派之国家主义者、强调种族主义的集团、呼吁革命者，或者某国的政府由军队或秘密警察发起。

以政治目的为主要目标的恐怖分子，其作为无非是以非法的暴力反对某一敌对国家，或自己的政府、公众或个人，以恐吓政府，达成某种目的或金钱利益，或造成大众的分裂。

2．宗教上的冲突

除了政治目的之外，宗教目的也是造成恐怖分子猖獗的因素之一，欧洲和中东地区的若干国家，自古以来就在宗教上发生冲突。

在过去宗教动机的恐怖分子是要保卫自己的宗教，而现今狂热分子认为，神已批准暴力，可以去攻击其他的宗教。极端分子特别作此认定，他们认为战争是无可避免的，以致暴力行动愈演愈烈，甚至不惜冒着世界大战危险。

由于宗教教派和信仰上的不同，自古到今一直是西方世界和中东地区长久以来争执的要点，过去许多的争端都起于宗教战争。因宗教而引起的大屠杀，在我们中国人的眼中看起来有些不可思议，因为宗教信仰是属于个人自由，怎么会引起这么大的仇恨，实在很难让人理解。但是我们必须要了解，西方世界自古以来多以宗教聚集人民而形成国家的统治权力，许多宗教之间在历史上所涉及的纠纷不只是信仰的问题，还涉及国土的争夺，以及国家主权的问题。当中东恐怖组织发动恐怖行动时，他们动辄以"圣战"为号召，除了借助宗教的理由外，尚有保卫国土的理由存在。

3. 想惹起全球的注意，以作为诉求的手段

在过去，恐怖分子在事发被逮获后，专家们发现，其主要动机并不全然为了政治和宗教的因素。其原因五花八门，相当复杂，例如想宣扬某一种理念，想要惩罚其敌对的人，有些恐怖分子自认国土被侵入而采取报复手段，有些是为了反犹太、反对堕胎、反科技、反穷富不均、反族群或国家资源不均、反西方文化的侵入、反政府等等。总之，许多恐怖分子只要一旦无法使用正常的方式达成其理念时，就会采用偏激的暴力手段。

美国的恐怖主义的研究专家曾指出，早期的国际恐怖分子的目的，是为了要引起很多人的注意，并不希望造成无辜者之伤亡，只要全球人们了解他们的问题和诉求就达成了他们的目的。当时他们使用劫机的威胁来进行他们的理念的宣扬，而现在却变本加厉，制造大量的伤亡。

4. 心理上的动机——愤世嫉俗、仇恨外人

除了政治上的争斗和理念上的敌对导致恐怖行动之外，也有专家是以心理学的角度来解释恐怖行为。

许多恐怖分子的人格在日常生活中常有失意、挫折的取向，而造成愤世嫉俗、仇恨外人的心理，继而用暴力行动进行复仇。在他们进行恐怖行动时，并不认为自己的行为是错误的，而是相当能自圆其说，甚至认为恐怖行动是为了唤醒世人的警觉而必须采取的方式，恐怖分子会强烈地企图把自己的理

念灌输于其他人的身上。

5. 以团体压力进行洗脑和强化服从性

恐怖主义也相当重视团体组织的力量，他们聚合动机相同的人，给予各种团体的训练和洗脑，强化成员的服从性。领导人物也很明白，只有经常举行各种暴力行动，才能维持其自我的价值感和地位的提升。

如果一旦加入了恐怖组织，在团体中受到强势领导者和其他成员的压力影响，或者是怕被别的成员所排斥和处罚，而变得绝对地服从、遵守团体的命令，在执行命令时也必须全力以赴，不敢有任何闪失。

6. 日本作家村上春树的见解——世界科技发展得太快，而造成人类的慌乱和排挤

2001年10月14日，日本著名的作家村上春树接受美国《纽约时报》的访问，认为现今的世界由于科技进步得太快，以致使得知识水准、科技程度、经济环境、政治态度、利益之获得、福利之分配等不同，而造成彼此隔阂的小圈子。人类变得在心情上非常纷乱，在工作上常感挫折，而变得非常不快乐，人与人间也变得彼此不相往来，并互相仇视和误解，这是一种新时代的混乱。

当人在遇到纷扰后，自己常会没有主见，因某种理念相同，而组成一个个小圈子。但是各个小圈子又各自有自己的困扰、挫折和问题，在自己的小圈子中碰到困难和挫折时，有二

种解决的态度，一是自认自己圈子的想法是最正确的，另一是认为自己圈子的问题都是别人害的，必须惩罚和打倒别人，自己才能生存。于是变成小圈子与小圈子之间的斗争，看到别人的优点，就变成了自己的缺点，而造成了自卑和压力。看到了别人的缺点，相形之下就变成自己的优点，极欲显耀，并极度鄙视和厌恶别人。

村上春树说，根据他对奥姆真理教会的教徒们的访谈，发现教徒中很多都是受过高等教育者，他们所以对教主麻原彰晃言行必从的因素，就是对世俗社会的名利追逐觉得疲倦和不满，或在现实世界中很不得意，而认为人类社会是丑陋的。而麻原彰晃蛊惑他们说，要建立完美的社会之前，先要破坏丑陋的，把腐败的人杀死后，才能使人类建立新的生活模式，所以破坏本身就是宇宙的运行之原则。

村上春树也发现，教徒们加入奥姆教会生活很苦，但麻原彰晃却告诉教徒，肉体上的苦就如同重生，越苦越能得到救赎，所以教徒在这种心境下，而无怨言。

村上春树对奥姆真理教会的行为觉得很遗憾，他说，任何的社会的运作模式都不可能是相同的，任何的社会事务都不可能是完全公平合理的，人也有好人和坏人，我们不可能碰到的每个人都是好人。另外，我们每一个人也不可能事事如意。所以，我们必须学会容忍和宽恕，并能对社会的纷乱学着习惯和忍耐，有耐心等待混乱过去，这样才能使得人与人之间互相同情和尊敬，才能造成社会的合作与共存。他的话无疑是对恐怖分子和恐怖主义者的一些规劝，但有用吗？

我们的未来是否仍充满了仇恨与分离呢？命运操控在我们自己的手中！

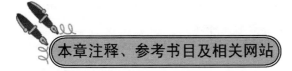

注释

注1　美国国务院网站，

http://www.usis.usemb.se/terror/rpt1997/intro.html

注2　Ku Klux Klan, http://www.texasamericanknights.org/

注3　Stefan H. Leader. The Rise of Terrorism. Eagle Research Group, Inc. U.S. 2000

注4　同注3。

注5　同注1。

注6　同注1。

参考书目

1　Bruce Hoffman. Inside Terrorism. New York: Columbia University Press, 1997

2　Bernard Schechterman. Violence And Terrorism 99/00. Mc Graw-Hill, 1999

3　Patterns Of Global Terrorism: 1997, Introduction. U.S. Department Of State, 1998

4　John Deutch. Terrorism. Foreign Policy, 1997

5　John Schwartz. Living Terrors: What America Needs To Know To Survive The Coming Bioterrorist Catastrophe. Bantamdell Compa-

ny，1998
相关网站
1　http：//www.terrorismfiles.org/encyclopedia/terrorism.html
2　http：//www.geocities.com/Capito1Hill/2468/bpart2.html
3　有关奥姆真理教派及麻原彰晃部分
　　http：//www.sma.org/s，k/97june3.htm

第九章

从娱乐到杀人
——神奇的激光

有人用激光进行皮肤美白,有人用激光治疗近视,《星际大战》中绝地武士的死光枪就是激光,你知道为什么柔和的光可以变成无坚不摧的利器?

一、从娱乐到杀人，激光可以做好多事情

现代的音乐晚会都少不了激光，歌星在台上热舞高歌，但气氛还不够热烈，一定要再加上五颜六色的激光，在场中四射乱窜才够热闹。你知道这种激光是怎么来的吗？

聪明的你，一定会猜是把不同颜色的强烈光源由机器中打出来，射向全场，就好像在战争时，当夜间敌人的飞机来袭，只得用探照灯向天空中照射以寻找敌机的踪迹一样。

接着，你在日常生活中，可能又听说到许多有关激光的讯息，例如在好莱坞的电影《星际大战》中，战士使用的光枪，绝地武士使用的武器就是一把透露着荧光的光剑，只要向敌人射去就将敌人制服。

接着，你又发现在报纸的眼科医疗的报导上，又有所谓眼科激光治疗。你如果是近视，又不想戴眼镜，就有人告诉你可以去作激光治疗，就会治愈好近视。

女孩子想皮肤美白，可以用激光治愈黑斑、雀斑和皮肤上的黑痣等。

甚至有人不幸得了癌症，医院给他作的是钴60的照射。好了，这些都是激光的应用。

激光与现代科技的发展有密切的关系，应用越来越广，甚至产生一些神奇的效果和应用。

激光是由英文字句组 Light Amplification by the Stimulated Emission of Radiation 的每个字的字头大写 LASER 集合而来的，

再加上它是复数的，就多加一个 S，变成 LASERS 了。这群英文字的原文为"光被辐射刺激散发出来后之扩大"效果。简单的说法就是——光本来是很散乱的，如果能给予辐射刺激，让它集中的流泄出来，并增加它的能量，就变成激光。

二、激光的基本原理

1. 死光枪为什么还不出现？

你在电视游乐器和电影中看到的"死光枪"，只要对准敌人的方向，远远的寒光一射，也不会造成震耳欲聋的枪声，敌人很安静就被击中，你可能会想这种武器的功能真的很神奇，军警人员如果配备这种枪，就无敌不克了，市面上怎么还不见出现呢？别急！虽然我们反对高科技应用在武器的发展上，但可能有少数的科学家们知道，死光枪目前有一个最主要的问题无法解决，那就是要使用哪种能源，才能让死光枪的光的威力发射出来？就像开汽车走很远的路，汽车虽然是名牌的，车子的性能很好，但是必须携带足够的汽油，否则再好的汽车没有汽油也无法发动。现在死光枪也是一样，它的能源如何携带？

死光枪是先把光聚集起来，然后施以能源，增加光的强度，再发射出去。虽然死光枪的体积很小，但既然能杀人，威力一定很大，就需要很多的能源，这种能源是什么？而如何把能源转换成威力强大到可以杀人的光呢？这就需要很精巧的设计了，在一把小小的刀子或枪上又要有能源、又要有发射的设计装备，而拿在手上又得轻巧便利，这就真的很不容易了！所以一直到目前为止，人们都在科幻故事中提到死光枪，也期望未来有这种神奇的武器，但是目前在设计上实在是碰到了瓶颈。

2. 星际大战中，绝地武士的光剑是怎样制造成的？

在《星际大战》中，绝地武士的光剑的能源来源是什么呢？在导演乔治卢卡斯的设计中，光剑是由水晶聚光，再施以能源，把光发射出去。其能源是什么呢？他的解释是绝地武士是宇宙中特殊的生物体，本身具有能源的本质，当他们握住剑柄时，身体中的能源就会输入到剑柄中去了，经由剑柄中的水晶聚光，而造成光的汇集，变成武器。当然，这只是电影中的虚构的情节，宇宙中是否真的有这种生物体就等待我们以后去发现了，说不定某个星球上的外星人真的具有这种能源，但现在我们尚未与他们联络，所以当然还不知道。

现在我们就要来讨论如何使用能源，把光聚集成强力的能量，最后变成激光的效果。我们先了解激光是如何产生的，再让你来推测死光枪有没有被制造出来的可能。

首先我们来谈谈什么是光？白天光线很好，你可以看得见东西，到了晚上天黑了，你就看不见东西了，如果你点了蜡烛，或开了电灯，你又能看见东西了，或着，你在院子中看见萤火虫在黑暗中格外美丽，以及荧光染料等，也会发光，这些都是光的作用。

我们首先应该知道，光的主要来源是太阳的能源传送到地球上来，产生光与热。其次，人类的光的来源是火，燃烧物质后产生的火焰也能照明东西。另外，像荧光是一种冷光。而电灯是爱迪生发明的由电通过钨丝造成的光。打雷时之闪电也会发光。

3．把光聚集起来会增强效果

据说深海中的生物是不需要光的，但人类在日常生活中必须要有光的，否则就像瞎子一样，住在一片黑暗之中，很不方便。

光有一个特性，就是它是拓展分散开来的。例如，你在停电的晚上点根蜡烛看书，光线太暗，你一定会把身子靠蜡烛近一点，离蜡烛越远就越不清楚了。但是，你如果在蜡烛的周围设立一个幕帘，把它围起来，只让光在一个小范围中放射，不要让它分散到四周去，在你的幕帘中，光线就会强一点了。可见，我们可以把光聚起来，让它的效果增强。

过去人类对光的概念以为它就是一种摸不到、嗅不到、没有体积、没有重量，只能看见的、可散播的物质。早期科学家们所研究的也只不过是光的波长、频率、速度、折射率、散播的方式等。

4．爱因斯坦说光是由小包组成的

对光这种无形的东西，过去人类并没有想到如何利用它，直到1900年一位名叫普兰克（Max Planck）的人提出一项假设，他认为，某些物质如果你给它外力，该物质之原子被刺激了，就会在不同的小包中产生发光作用，他称此为量子(quanta)（注1）。

但是普兰克并没有使用自己的假说作实际上的应用。5年之后，爱因斯坦（Albert Einstein）却认为光本身并不仅是一种只能发光，以波形作散布的无形的东西而已，而是一小包一小包的能量（后被称为光子 photons）。讲到这里，你是不是觉得很神奇呢？我们过去仅以为光是一片白茫茫的，爱因斯坦却告诉我们光是由很小的小包形式组成，小包的形状大小不一，数量很多地聚合在一块儿，所以最后只能看到一大片白光而已（注2）。就如同我们到白色海滩上去玩，远远地看到一片白色，但靠近了才发现它是由一颗一颗、数不清的小沙子组成。

爱因斯坦还说，频率越高的光，光子的能量越大，意思就是说光穿射过来的速度越快，产生的能量越大。他还示范在某种情况下，某种电子可以吸收并释放光的能量，这项巨大的理论之突破，使他获得了诺贝尔奖，他使用这种展示以解释所谓的光学效果（注3）。

5.你怕不怕别人在太阳底下用小镜子照你？

好了，讲到了这里，有了普兰克和爱因斯坦的理论，我们就可以初步想到，如何利用光的原理做成《星际大战》中绝地武士的光剑了。

首先我们知道，如果让光快速射出会造成巨大的能量，就会伤人了。我们举个例子来看，当你还是小孩子时，都会对同学或朋友做过这样的恶作剧，拿一面小镜子，对准太阳光聚焦后，产生一道反射的强光，把这道强光对准你的好朋友的眼睛照射，他会被这道突然照射过来的强光，弄得眼睛刺痛，又因光太强而睁不开眼而哇哇大叫。由这个例子，你就明白，光聚合起来会产生较大的能量。如果用比小镜子还厉害的光线照你，说不定你的眼睛就会受伤了，如果用更强的光照你的皮肤，你的皮肤就会红肿和烧焦了。还记得二次世界大战时，日本广岛被联军丢了原子弹，目击强光的人，眼睛都瞎了。而绝地武士的光剑原理，就是使用强得可刺透人体细胞组织的光来伤人。

那么如何让光快速地射出并发出强光呢？光本身如爱因斯坦所说的，是一种小包性质，我们就必须想办法把它聚集起来。如何聚集起来呢？上面的恶作剧是使用小镜子反射，但是我们知道还有许多东西都可以反射光，例如水面也可以反射光，但水面的反射光是很有诗意的，我们在作文中都常形容它是"湖面像一面镜子"，或者"波光粼粼"，虽然它已让光反射出明亮度了，但它的明亮度大概不会伤人吧。另外，像有些固体，例如钻石、红宝石等都会增加光的辐射度。我们必须记得，像小镜子、水、宝石等这些可以反射光并能让光更明亮的东西，我们称它们为光的增加辐射度的媒介（amplifying medium）（注4）。

其过程大约是：光进入⟶经过增幅的媒介⟶光输出。

6. 固体、气体、液体、半导体都可能增加光的幅度

当然让光增加辐射度的媒介还不只这些，科学家研究光的增幅媒介分成固体（像红宝石、水晶、钻石等）、气体（像二氧化碳）、液体（像荧光染料）、半导体（像二极真空管），以及化学物质等。另外，有个特殊的东西是被称为"自由电子激光"（Free Electron Laser），它不是物质，而是在真空管中可快速移动的电子的光束，也可作为光的媒介物（注5）。

有这么多不同的物质可作光的媒介，它们有没有不同呢？有的！我们要特别注意的是，这些不同的媒介物质来反射光时，光被反射的波长均不同，我们利用不同的波长就可做不同的用途了。

另外，媒介物在给光进行增幅作用时，需要由外部给予一些能量，就如同我们要汽车上路，必须要有轮胎，而轮胎必须先"打气"，再要发动引擎，而光的媒介物也要先"打气"（pumping）。通常，激光产生过程中最主要的打气方法就是通电。

好了，激光的基本原理，我们简单的想，再借用小镜子反射太阳光来说明，就很容易明白了。如果用的不是很亮的小镜子，而是用铜镜，光就不会很亮了。在正午阳光很烈时用小镜子反射光来照人，就会很伤人；如果在太阳很弱时，照人就没有什么感觉了。激光也一样，利用不同反光物质作为光的增强作用的媒介，再给反光物质增加不同能量，让光子增强和聚集起来，就变成不同种类的激光了，我们再把这些不同强

弱和波长不同的光收集起来，就成为可利用作不同用途的激光了。

请阅下图（注6）。

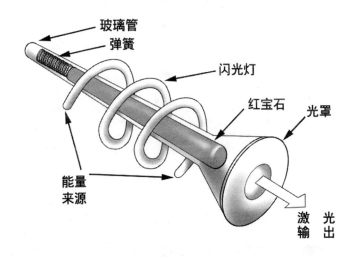

早期的红宝石激光的简单设计
资料来源：O.S.Heavens "Lasers"

我们试以红宝石激光的反射原理，来看它的原理和构造，这个设计是激光最早的设计。把一个合成的红宝石晶体棒放在玻璃管中，红宝石末端很小心地磨亮并包以银。在玻璃管的外面加以一个螺旋状的可以闪烁的灯管，灯管加以能源（通电），灯管的光不断地闪烁着，有点像我们照相机用的闪光灯。闪光经由红宝石的反射和原子的碰撞，发出增加幅度的光来，当闪光在螺旋中爆发出来刺激红宝石时，在红宝石棒的末端就会发出很强的、细细的红光，在此末端有保护罩，最后输出光线。

7. 绝对武士光剑的图解

我们已了解了激光的原理了,现在,我们可以来看看绝地武士的光剑的构造吧!其图形如下图。

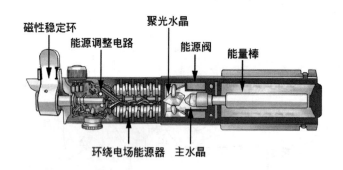

星际大战中绝地武士所使用的光剑的构造

(1) 绝地武士用手握住能量棒,让能量进入,也就是我们所谓要通电,绝地武士是由自己的身体内所发出来的电充当能源。人类是绝对不会由身体自行发电的,在电影中只是虚构,绝地武士身体内有种电虫,所以绝地武士可以发电。现代化的武器中死光枪还在研究中,其最大的问题在于无法找到能源。坏人要用机关枪火拼时,绝对不可能一面发射,还要一面找电源和插头充电,而且小小的枪柄是无法携带很多能量的,就像我们笔记本电脑,电池的充电量有限,没有电源仍然不能起很大的作用。

(2) 绝地武士的能量进入能源开关区(能源阀)。

(3) 主水晶区,也就是说光剑是用水晶来聚光的。

(4) 把水晶聚光。

(5) 连接的电线，以把能量和聚光的光源连接起来。

(6) 能量调整的电路，再经磁性稳定环。

(7) 最后很厉害的光像刀一样发出，可破坏人体组织，而造成杀伤力（注7）。

我们看过了绝地武士简单的光剑的构造，可以推想激光在其他功能上的原理，例如在医学和工业上使用的激光机器，虽然过程很复杂，机器构造也很精密，但基本的原理，与绝地武士的光剑的原理却是大同小异的，都是：光借由能量推动，选择某一种媒介聚光，然后发出力量。这种最后发出的力量可给予控制，而造成强弱之分，我们利用其强弱的程度，而作不同的用途。

三、激光能做些什么？

激光在现代化的时代中可是很重要、很神奇的发明物，我们可利用它作很多事情。

(1) 治疗近视、远视眼、白内障。

(2) 治疗皮肤疾病及增进美容。

我们常在报纸上看到皮肤科的宣传广告，以激光帮助爱美的女士进行美白、消除黑斑、雀斑、老人斑等。这些手术基本的原理就是利用光与热的原理，把有瑕疵的皮肤组织破坏掉，然后让它重新再生长起来。

例如，当你到某医院皮肤科要求把脸上的很多疙瘩去掉，医生可能会给你作激光治疗。医院会发给你一张说明书，你会看到上面书有："红宝石激光"、"二氧化碳激光"、"铒—雅各激光"、"染料激光"、"钕—雅各激光"等不同的方式。这些不同的方法所使用的激光机都不相同，那是因为促使光幅增加的媒介物不同，像红宝石激光、铒、钕是以固体为触媒，二氧化碳是以气体为触媒，而染料是以荧光染料为触媒。

那么多不同的方法到底使用哪种较好呢？其实没有好坏之分别，只是使用的目的不同而已，医生受过专业训练，他会视你的病情而挑选一种最适合的方法来使用。不过大致说来，每种方法不同是光聚集后的波长不同，波长不同其穿透能力也不相同，有些激光的功能是散射的，有些是吸收热能而产生破坏作用，有些破坏能力较深入，有些破坏能力只是浅浅的。这些都应由医生视病人的情况，而去选择较好的方法才行。

在进行激光治疗时，在脸部稍涂麻醉剂，在进行手术时，工作人员和病人都要戴上眼睛罩，以防阻强光的照射。当激光光照在你的脸上时，你会感到一些刺痛，就是因为激光的炙热造成。在进行完毕后一个月内，脸上呈现被炙烧过的小块痕迹，最好不要让伤口发炎，要小心做护理工作，不要晒太阳，注意不要让伤口发炎，过了一二个月后，皮肤长出新的组织来，你就变得美美的了。

（3）医学上的其他用途：激光手术刀和癌症的治疗。

（4）在工业上作切割的工作。

（5）在娱乐上作CD片等。

注释

注1　http：//www 4. nationalacademies. org/beyond/beyonddiscovery. nsf/web/laser3

注2　同注1

注3　同注1

其他相关资料：

如果你对本章的内容很感兴趣，你可以到下列网站去寻找更多资料。其中最值得一览的是美国国家学术院（National Academic），其网址是 http：//nationalcademies. org/，在其网页上储存了许多关于科学、传播学、心理学、农业、社会学等基本的学理文章，希望能让美国民众对这些知识有些初步的认识和了解。

这个机构的来源是这样的，美国国会在1863年成立国家科学学术院（the National Academy of Sciences），提供给政府有关科学和技术上的讯息，后来扩大内容，不仅提出有关科技方面的讯息，也包括了农业、生化、行为、社会科学、工商经济、化学、地球科学、电脑技术、工程、环境等学科的知识，改名美国国家学术会。在这个网址上的资料十分具有可参阅性，其资料与中国科学技术协会有合作关系，所以你可以阅读简体字的中文版的中译内容。

注4　请参阅贝尔实验室的网站，其网址为 http：//www. belllabs. com/history/laser/

另外，美国科学网站 http：//members. aol. com/WSRNet?tu/ut. htm 也有专文介绍这方面的知识。

注5　同上

注6　O.S.Heavens. Lasers. Charles Scribner's Sons，1971.

注7　资料来源：STAR WARS "THE VISUAL DICTIONARY"

参考书目

1　黄忠伟著.光电漫谈.台北：台湾书店，1996

2　蔡仁雨著.皮肤美容外科学.台北：武陵出版公司，2000

第十章

太空时代最重要的传播工具——人造卫星

　　它是人造的一个物体,它高挂在天上为什么不会掉下来?它能把远处的新闻和娱乐节目传送过来,它也是神秘可怕的情报搜集者。

　　你知道发射一枚卫星需要多少钱吗?

人类都知道月亮是地球的卫星，因为月亮是循着一定的轨道绕着地球而自转，但是近代人类藉由科学技术的进步而自行发射一枚卫星，这枚卫星在地球上空环绕着地球飞行，以电信传播的方式进行一些特殊的工作，它可说是一个人造的月亮绕着地球转，我们称它人造卫星。

　　人造卫星是 e 时代中人类神奇的科学产物，人类当初是如何想到要制造一颗卫星？它是如何发射到太空中去的？它有什么用途？人造卫星的使用对人类产生了什么影响？这是一连串复杂但却有趣的问题，需慢慢地了解。

一、e时代最神奇的工具——人造卫星

1. 从军事间谍到新闻传送都少不了它

　　在过去的几年，曾发生过下列几件事：

　　(1) 当 2001 年 9 月 11 日，中东的恐怖分子以劫持的飞机自杀式的冲撞纽约世贸大楼的双子星大厦时，一时黑烟迷蒙、火焰突升、街人惊走的画面，至今仍令人怵目惊心。当事件发生后，这个画面和新闻几乎在数分钟之后就已传遍全球。其传播的方式如果不是由人造卫星传送，是无法这么快速的。

　　(2) 美国决定严惩恐怖分子而决定出兵阿富汗时，除了派遣军队和装备外，其最重要的侦测工具是空中高精密度的军事卫星，不断地在阿富汗和其边界地区上空拍摄照片，了解阿富汗恐怖组织的设施和活动的状况，以作为攻击的要点。

（3）当台风来袭时，气象局会以人造卫星上所拍摄的照片，传下来的云图，作为预测的标准。

（4）埃及淹没在海中的古城亚历山大，据说是由人造卫星由空中拍摄下来的照片，获得了资料而发现的。

（5）世界奥林匹克运动会精彩的比赛过程，可以通过人造卫星的转播而传送到电视上，使世界各国的民众都能身临其境地观看到。

（6）分隔两地的政治人物和重要人物，可以通过人造卫星画面的传送而达到同步交谈的功能。

除了上述的情景之外，人造卫星的功能还有很多，例如，当某地发生重大新闻时，电视公司可由 SNG（satellite news gathers，卫星新闻传播车）传送过来新闻状况和现场画面。有线电视的外国节目，是由人造卫星接收过来的。在较新款式的汽车中大多装备有卫星定位系统（GPS），可以帮助开车的人了解路况。还有一些国际网络和电话线的连接也是靠卫星的功能达成。现代的 e 时代中缺少了人造卫星远处传输的作用，"地球村"的概念就几乎无法达成了。

2. 它的发明和使用是糅合了人类的绮丽的梦想、残酷的战争以及无情的商业竞争

这么神奇的工具，它的诞生有一段曲折的故事，在这个故事中，最初是出于人类对外太空绮丽的梦想，接着是残酷的战争所造成的武器上的竞争与科技人才的争夺，后来是商业用途

上的扩张,以及今日造成强国军事侦察上的优势,但在未来,它可能也是人类揭开外太空之谜的最重要的工具。我们要了解卫星,必须要由下列几部分来了解:

(1)人造卫星之父克拉克是如何创造出卫星的梦想与概念来的。

(2)人造卫星之研究和发展的过程必须要涉及二次大战之后的两大强国美、俄之军备竞赛的结果,以及美、俄向战败国德国抢夺科学人才的秘密。

(3)人造卫星的基本构造是什么?而其最重要的部分——发射,是如何设计和进行的?

(4)人造卫星在空中是如何进行传输工作的?

(5)现在和未来,人造卫星对世界和人类有些什么正功能和负功能?

二、人造卫星之父克拉克和他的梦想

1. 克拉克从小就对天空的神秘着迷

首先,我们先要了解何谓人造卫星,所谓卫星在英文中是satellite,它的原意是"附属于……"之意,例如月亮附属于地球而转动,我们可以称月亮是地球的卫星。如果我们人类自己制造一颗卫星,它也能附着于地球而转动,我们就称它为"人造卫星"。

当我们仰头看月亮时,怎么会想到要再创造一颗人造的卫星呢？人造的卫星到底有什么用途呢？这一切都要先从一个英国人克拉克说起，有人视他为卫星之父，因为人造卫星的概念是他先提出的。

就让我们先来回溯克拉克的故事吧！克拉克原名是 Arthur Clarke，他生于 1917 年的英国，父亲早逝，家境贫穷，小时就十分着迷于望远镜和火箭原理，后来曾进入英国的"国王书院"（King's College）学习物理与数学，获得科学学士学位。

二次大战时，他和大多数的英国青年一样，在爱国心的驱动下，他加入英国皇家空军，专门负责雷达器材的接收与使用工作。二次世界大战结束后，他由空军退伍，回到英国，他并没有闲着，他参加了几个科学社团、天文学和无线电业余学会，常常跟一些同好们聚会、聊天。

2. 他曾与大导演库伯利克合编《公元 2001 太空漫游》电影剧本，并获奥斯卡提名

由于二次大战时开飞机翱翔于地球上空的经验，让他对空中的现象久久不能忘怀，除了一些浪漫的幻想之外，又加上一些科学的学识背景，他开始写作许多科幻小说向杂志投稿。他曾写过 60 本书，其中大多是给孩童写的科幻故事，以及科学小说，他的一生中曾获得许多科学写作的大奖。

在 1968 年时他曾与科幻片的大导演斯坦利·库布里克（Stanley Kubrick）以《公元 2001 太空漫游》（2001 A Space Odyssey）的剧本，共同被美国好莱坞的奥斯卡电影奖的编剧

奖提名入围（库伯利克曾导演汤姆·克鲁斯和妮可·基德曼主演的《大开眼界》，后不久去世），这部电影是叙述一艘太空船在太空中漫游时，发生的种种神奇的事务，这艘太空船试图以人类的观点融入宇宙观之中，是太空科幻片的经典之作。

除了在科学小说和电影上表现得十分活跃和赢得盛名外，克拉克也是美国电视上的红人，1968～1970年间，他曾与美国著名的电视主持人华特·康克特（Walter Cronkite）在哥伦比亚广播公司（CBS）共同主持阿波罗十一、十二和十五号的太空任务的实况转播。他最高的荣耀是在1989年被伊丽莎白女王颁授英国皇家统帅（Commander of the British Empire）名衔。

3．他说要把人送到太空上去做节目，别人认为他胡掰、只是在写科幻小说

我们大约已了解他的背景，我们再回过头来看看他对人造卫星的贡献吧！公元1945年，也就是他从军中退伍回乡之后，他在英国的一份无线电杂志（Wireless World）上写了一篇文章，文中提及，如果使用德国在二次大战时轰炸伦敦时所使用的V2飞弹（在本文下节卫星的发射中有介绍）穿透电离层，而把人造卫星发射出去的可能性，以及人造卫星可以作为良好的传送无线电波的工具的概念。

他曾这样写道："如果我们在地球赤道上空建立一个半径6.8万km的轨道，正好绕地球一周是24小时，在此轨道上放置一个人造卫星，它就会在随着地球自转。让我们假设，如果

在此卫星上建立一个电视站或广播站，它就能由空中的广播站把声音和画面传送到地面上来"。（注1）

克拉克的太空站的构想简单的来说，可以克服地球上无线电传送信号上的一些障碍。在地球上，无线电电波会受到下列因素的干扰：(1)高楼大厦的阻碍；(2)高山和地形的阻碍；(3)气候不佳的影响；(4)电气品的干扰；(5)地球本身弧度的影响。但如果把广播站建立在地球之外的轨道上，由天空中洒下信号，经由电离层把信号传送回地球，就会减少高山、地形、高楼大厦、地球弧度等的障碍。

克拉克最初的空中广播站的构想，是在空中建立一个太空舱一样的简单的建筑物，由载人飞船把工作人员送到太空上去，住进太空舱去后再进行播音的工程的。你想想看，在那个时代怎么可能把人送到太空去？而且哪个人愿意被送上去？万一去不回怎么办？所以，克拉克的构想让许多人认为，他又是在胡掰写科幻小说了，大家一笑置之，连克拉克自己也不以为意。

4．差一点变成世界第一大富翁，只因为他忘了申请专利权

但是离他的这篇文章发表的十数年之后，原苏联的第一颗人类制造的卫星史波尼克号（Sputnik）在1957年发射成功了。到了1980年代之后，人造卫星在地球的上空已达数千颗之多了。克拉克讲了一句后悔莫及的话："当初为什么没有申请专利？不然每颗卫星都要给我权利金了！"

你知道人类如何解决不可能送人到太空上的广播站的这个

问题吗?道理很简单,原来是这样的:不需要真的在太空中建立一座广播站,而是发射一枚很大的、像大气球一样的东西,在大气球中装置了一座收发机(你就简单地想,它是一台录放影机或录放音机吧),由地面上发出信号(已录好的有声音和画面的节目),由地面控制站遥控指示卫星上的收发机进行接收声音和影像节目的动作,到了某一时间,地球上的遥控站再下指令,指示收发机把天空中的节目再传送回来。你看人类有多聪明!这个简单的道理就是人造卫星简单的原理。由于地球是圆形的,所以如有三颗卫星则可将地球所有的地区涵盖住(如下图)。

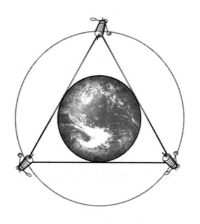

地球表面可由三颗高空卫星所涵盖

克拉克在老年时,放弃了太空的探索,反而开始热衷于潜海,他说,太空的探险对他已没有什么新鲜感了,他觉得人类另一个值得探索的神秘地方是海洋的深处。

三、什么是"卫星轨道"？人造卫星为什么不会掉下来？

我们已经知道了，人造卫星是喜欢幻想的克拉克先生首先提出来的一种奇怪的想法，但我们不能说他的想法全部都是胡掰的，他究竟还具有一些无线电的常识。他所提出来的：由地球上空发射无线电广播，会避开地面的阻碍，由空中将信号传送到地面上，这个观念确实是正确的。另外，他所提出的发射人造物体脱离地心引力到外太空去，也是懂得物理学的人都明白，是可行的。

就是由于克拉克的想法多少有点道理，才让其他的科学家们获得了一些启示，而往这个方向努力。但是，我们不得不说，这么大的科学演进，绝对不是一个人可以完成，是由许许多多的人由各种不同的方向，共同努力来进行的结果。让我们来看看，人造卫星是如何逐步完成的。

我们先从什么是卫星轨道，如何建立人造的轨道，人造卫星为什么不会掉下来，这些科学道理来了解吧！

1．太阳、地球、月亮为什么不会撞在一起？

我们人类自古以来对天体和宇宙就抱持着神秘和敬畏的心理，例如我们早就怀疑：地球为什么会绕着太阳运行，而不会错乱脚步？月亮为什么会绕着地球运行，也不会撞上地球？它们好像永远都像遵守交通规则的开车的人，永远都是这么守规矩，即使有些突然横冲乱闯的小彗星，但宇宙之间重要的星体都遵循着一定的轨道运行，才能使我们的宇宙保持一种平衡的状态。

那么有一个问题来了，天体中的星星都是固体，是无生命的，它们怎么会知道要遵守一定的规则运行呢？到了公元17世纪时，英国的科学家牛顿终于解开了这个疑问，他提出了所谓的"万有引力"（gravitation）的理论来说明这个现象。

2. 牛顿由苹果落地的启示，提出"万有引力"之说

什么是"引力"？科学家们假设：在宇宙之间任何的物体都有吸引其他的物体的力量，吸引力之大小应视物体之体积和两物体之间的距离而定，物体的体积越大，其吸引力越强，而距离越远，吸引力就会减弱（注2）。我们讲个笑话，一个胖子和一个瘦子，如果按引力的理论来看，瘦子的体积小，会被胖子吸走，但是为什么没有发生这种事呢？那是因为人类的胖子和瘦子的体积相差得实在不多，还不够构成引力的结果，但人跟地球相比，可就渺小多了，于是地球对人类和对地球上的万物是具有引力的。

牛顿由苹果为什么会掉到地上，而不飞向空中的现象，领悟出来的道理是：地球与人及苹果比较起来，地球是一个绝对很大的物体，所以地球的引力是很大的，人住在地球上只有乖乖地接受地心引力，苹果也接受地心引力，所以也只得落在地上了！

地球与太阳、地球与月球之间均具有相互之引力，而地球、太阳、月球之间又能保持适当的距离，地球与月球的运转也具有一定的速率和规则性，而造成一种宇宙星体之间有规则的能量引力的牵引和运转，永不休止，地球既不会掉下去，也不会被太阳吸走。这种有规则的、保持适当距离和速率、彼此以适当的力量相互牵引的路径，我们称它为轨道（orbits）。

3. 用人工制造一个轨道，是人造卫星发射的第一步

我们如果要丢一块石头作势要打人，在地上捡一块小石块，轻轻地丢出去，小石头很快就会掉到地上去了，对方一定知道你是故意吓他的，但是如果你在地上捡一块很大的石头，好像很生气、又很用力的样子，对方一定知道威力可怕了，而赶快逃跑，因为石块很可能丢得很有力、又很远。从这个例子我们可以知道，物体发生多大的能量和其距离都是可以计算出来的（如下图）。如果有个大力士，力量大到可以把石头丢出去的速度，超过了地球自转的速度，就会脱离地心引力了（如下图）。

可以超过地心引力的速度需要多快呢？科学家曾算过地心引力的速率，大约估计，如果我们站在山顶，让大力士丢出去石头，其速率起码以 40320km/h（即 11.2km/s，第二宇宙速度）行进，就可以脱离地心引力的牵引而飞入太空。请注意，我们人类最快的跑车才能跑 400km/h，你想想 40320km/h 是多么快呀（注3）！据说，欧美有一种摩天轮就以"可以脱离地

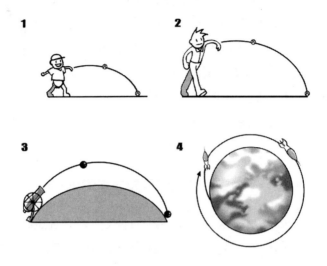

人造卫星的发射原理

心引力的速度行进"来作宣传，它的速度是不是真的这么快，很值得我们怀疑，但它所标榜的就是一个"快"！不管如何，如果心脏不好的人最好不要尝试，因为你可以想象它的速度一定是很快的。

如果我们要发射一枚物体，让它在大约离地球 250km 的高度在固定的轨道上像月亮一样随着地球自转，发射的出去的速率大约是 7.9km/s（即第一宇宙速度）。在这个距离的圆周内、以这种速率飞行的轨迹就是所谓的"卫星轨道"，也就是我们所说的做成一个人工的绕着地球转的人造卫星轨道了（注4）。

卫星轨道的设计需要因其卫星发射的高度而有所差别，我们刚刚已说过，离地面越近地心引力越大，离地面越远地心引力逐渐减小，所以当我们要发射一枚较高度的卫星时，其运行速率反而要减少。例如，如果发射的高度是在离地面 3.6 万 km 处，轨道之速率设计是时速 3km/s，这个速度正好使卫星以 24h 绕地球一周，也是地球自转的角速率，我们称这种卫星为"同步卫星"（geostationary satellite）。

4．卫星能不能成功，全靠发射技术

现在，相信你大约明白了，只要有个大力士能把东西用很大的力气丢出去，其速率极高，脱离地心引力，物体就不会掉下去，而会绕着轨道旋转，那么问题是到哪里去找这个大力士？

我们都知道大炮发射炮弹的威力很大，但还不够大，直到德国人在二次大战时，设计出火箭和洲际飞弹后，人类弹射出去的物体（人造卫星）才能以不会坠落的速率，在地球上空作规则性之运转，使人造卫星的梦想成真。

早期的发射威力不大，所发射出去的物体离地球较近，大约只能离地面约几百千米，它的飞行速度也较快，低轨卫星绕地球一周约 90min，我们称它为低轨卫星。低轨卫星对任何一个国家而言没有很大的用途，因为它匆匆地飞越过自己的国家，跑到别的国家的上空去，它主要用于气象报告。

后来技术进步，卫星轨道可设在离地球表面 3.6 万 km 之上，正好以 24h 绕地球一周，也就是跟地球自转的时间一模一样，任何国家的同步卫星正好在自家的头顶上，跟着自己的国家运转,实用性最高。当然,要发射同步卫星,因其距离地面较远,其火箭的推动力就要很强。

在这儿我们再作一个总复习:

(1) 离地面越近的低轨卫星,在发射时较省力,但受到地心引力以及大气层等一些因素的阻碍较大,所以在空中飞行的速率要较高才能保持不坠,低轨卫星约 90min 就绕地球一周。因其飞行速度太快,很快就会飞过我们的国家的头上,跑到别的国家去了,所以我们一天中只能见到它很短的时间,在使用的效益上很低,所以这种低轨卫星大多用作气象云图或环境研究的拍摄工作。卫星把全球气象拍下来后传回地面站接收,但经常会发生卫星信号失去联络,或传回的影像效果不佳等问题。

(2) 离地面稍远的中轨卫星,在发射时因要发射到离地面较远的地方,所以发射的能量较大,费用较高。但中轨卫星受地心引力已减少,发射之后在轨道上飞行的速率减慢,大约 12h 绕地球一周。像全球卫星定位系统所使用的卫星就是这种中轨卫星。

(3) 至于高轨卫星,离地面最远,发射的技术要最佳,费用最高,否则怎么能发射到那么远的地方去呢?但一旦发射成功,其在空中飞行的速率是与地球同步的,每 24h 绕地球一周,就等于这颗卫星亦步亦趋地跟在我们的头上一样,所以同步卫星是最有利用效益的卫星。

接下来,我们必须谈到一个很重要的问题,就是卫星的发射技术是如何逐步发展出来的,原来它也有很精彩的故事呢!

四、二次大战时，德国人在导弹上的成就，才造就了卫星发射上的成功

1．卫星主体并不难制，但发射出去却很困难

人造卫星的概念是出自卫星之父克拉克的灵感，但另外有一个重要的环节，就是如果要把人造卫星发射到外太空中去，这个最重要的发射技术就必须要依靠火箭的推动能力，这又必须从另一个故事来说。

其实，人造卫星的构造用一句简单的话来说，它并没有什么了不起，只是一个像大球体的东西，这个球体装备着收发器以及其他的一些必要的器材而已。对全世界许多想发展人造卫星的国家而言，制造这个球体的技术并不困难，甚至美国的大学生还制作自己的迷你型小卫星呢，但有一项技术却是很困难的，就是如何把这个球体发射到外太空去？

现今科技进步的许多国家中，除了美国、俄罗斯、中国、欧盟、澳大利亚等少数国家之外，大多数的国家并不具有发射的能力。但是全球各国几乎都有制造自己国家的卫星的能力了，各国制作好球体后，是由具有发射能力的国家代为发射的，当然要付一笔可观的发射费用，像美国的洛克希德公司就是专门代为发射的公司。

人造卫星是如何发射的呢？我们首先做一个实验，你和你哥哥拿一件物品抛向空中，很快就会掉下来，你哥哥的力气比

你大,也许抛得比你高,但也会掉下来,为什么东西抛向空中会向地面掉下来,这个道理前文中已提及了牛顿的地心引力的原理。

2. 中国古人曾在背部绑火箭想升空

如果把东西想投射到太空去,除了地心引力之外,还有大气层的阻碍。如果你想抛得更高一点,就得使用更大的能量。例如,你想想我们中国孩童在过年时玩的冲天炮的原理,利用火药的威力冲向天空,但冲天炮大概只能冲高到离地面约三个人的高度,就掉下来了。你是否还记得,我们明朝有位名叫万户的人,他想升天,就突发奇想,手中拿着大风筝,把47支火箭绑在背后,点着后想冲上天去(注5),读者可以想像的到,结果是很惨的,因为没有升多高,就被炸死而掉下来了。

我们以现代人的眼光来看万户的行动,会觉得他确实非常愚蠢,但我们又不得不佩服他勇于创新、敢冒险的精神。我们想想,在古代知识不发达的时代,他多多少少有些领悟,如果想飞上天空,就得使用一些能把他抛向空中的能量。人造卫星要发射出去的道理也是一样的,一定要有相当的能量,把它抛得很高、很高,高频卫星的发射甚至要把它抛出更远的地方,那就更不简单了。想要具有发射卫星的能力,就必须要有远程火箭的能力。

没错,发射人造卫星的火箭就是来自战争时杀人的武器的火箭的科学技术的延伸,让我们来回顾人类使用火箭的历史吧。

3. 由大炮演进到导弹的技术都是为了战争和杀人

我们中国人是世界上最早使用火药和火箭的民族,在欧洲是以德国人为最早。

在 1327 年之后,英国已制造出杀伤力强大的战争工具,就是所谓的"大炮"。到了 1799 年之后,英国为了对抗拿破仑的侵入,由威廉·康葛夫(William Congreve)爵士研发了炮管 1.07m 长,炮口直径 10cm 的大炮以为应对。到了 1812 年,美国欲脱离英国而发动独立战争时,英国也曾使用这种武器对付美国,但美国人豪尔(William Hale)却将之改良,让射程更远而击退英军(注 6)。

到了 19 世纪时,大炮经过改良,其引擎的能力更强,使发射出的炮弹的炸药可以飞跃得更远,并能在空中燃烧而发出红色的火焰,此时已成为了导弹的形态,后来更能飞跃过高山和森林,成为战争的利器。到了第一次世界大战后,导弹的研究和发展已更为精进了,虽然当时有些科学家,也曾想到将导弹发射到太空,可作太空探测之用,但技术尚未成熟。

4. 远程导弹是由一位 19 岁的柏林大学生设计的

到了 1925 年之后,科学技术领先世界的德国,野心勃勃地努力研发新式的武器,以作为征服欧洲的准备。当时一位军官华特·道勃格(Walter Dornberger)接受命令研究导弹的战争用途,他提拔当时才 19 岁的柏林技术学院的学生鲍恩(Wernher Braun)共同研制了远程导弹,这是现代导弹技术之始

(注7)。

到了1942年,读者会立即想到,这一年已接近第二次大战的尾声,德国已制成了著名的V-2型导弹,其速度已可达5600km/h,在对英之战时曾造成英国2700多人死亡,6500多人受伤,但是这种厉害的武器并没有反转德国战争的劣势,因为美国已成功地制造出原子弹,丢在广岛后逼使日本投降。

5. 德国战败,美苏到柏林去抢夺无价之宝——科学人才

接着,二次世界大战结束,德国成为战败国,美国和原苏联进占了柏林。读者你知道接下来发生了什么事吗?任何一个战败国都会受到一些破坏,例如当八国联军侵入北京时,烧毁了中国的圆明园,并抢夺中国的财宝,而美苏进占柏林时,他们抢的不是金银珠宝,而是德国的科学人才。

在二次大战末期,美苏两国早已风闻德国在许多科技的发展上都有着极大的突破,例如V-2导弹、潜水艇、声纳、鱼雷、无人飞机等,这些科技上的突破在战争时被德国视为最大的机密,但却是美国和原苏联两国极欲争取到的最宝贵的东西,所以德国的科学人才和研发小组是美苏两国抢破头的目标。

6. 美苏两国分别掳获德国导弹专家,各自秘密地进行太空的研究

在导弹的研究与发展上,当时德国在战败前夕,鲍恩已跟他的研究小组设计了所谓的A-10多节发射的洲际导弹,它可

以携带 V-2 弹头，飞跃大西洋（注8）。鲍恩与他的重要干部投奔美国，而原苏联只掳获了一个 V-2 的主要科学家高楚甫（Helmut Grottrup）。高楚甫立即为原苏联重组并更新 V-2 的设计，高楚甫的设计比鲍恩的设计更为优秀。到了 1953 年时，原苏联的导弹研发小组的成就已超过美国。

当美苏两国在研制射程更远、威力更大的导弹时，科学家们认为导弹不但可用在地球表面作为跨洲的攻击武器，它对太空发射时也能作为太空探测发展的工具，此时克拉克的在地球上空建立通信站的构想又被想起。因为，我们如果使用超级火箭向空中发射，如果其射出之速率可达 11.2km/s（最快的喷射飞机才只能达到 0.9~1.3km/s，就会让运载的物件脱离地心引力（注9）。

7. 原苏联的史波尼克号是人类第一颗人造卫星

1953 年，原苏联太空学院院长首先宣布人造卫星的可行性，因为火箭的威力已足可以把人造的卫星发射到太空去了。1955 年美国总统艾森豪威尔也不甘示弱，宣布美国也在实验人造卫星的发射。

原苏联终于捷足先登，1957 年 10 月 4 日，原苏联的人造卫星史波尼克号（Sputnik）发射成功，成为人类第一颗卫星。

在太空竞争中，美国已屈居第二，脸上无光，原苏联的成功对美国是一个当头棒喝，让美国只得奋起直追。于是，美苏两国开始了激烈的太空竞争，而造就了人类进入人造卫星的时代。但是不论美苏两国的竞争如何激烈，其实人造卫星的发射始祖仍得归功于德国人，所以曾有漫画家画过讽刺的漫画，当美苏两国的卫星在太空中打招呼时，是以德语来进行谈话的。

虽然史波尼克号是人类所发射的第一枚卫星，但原苏联对史波尼克号保持很高的机密，并未曾详细公开其发射与运行的状况，外界只知道它是约83kg重，约58cm长，至于其他的内部设备并不十分清楚，在空中飞行了约92天后在地球的大气层中燃毁。

8. 美国急起猛追，使用卫星作广播之用

史波尼克号只能算是一个可以绕着地球运行的人造球体，并没有传播信号的功能，倒是美国的太空总署（简称NASA）在1960年8月首度发射的卫星"回声一号"（Echo 1），在球体中装置一具"传送器"（transistor），可传送艾森豪威尔总统之演说录音。到了1962年，回声一号技术更进，已可在加州和麻州之间传送电视影像。

后来，美国民间的一些科技公司和电器公司，如贝尔实验、RCA、AT&T等都加入研究行列，20世纪60年代年轻的肯尼迪总统又对与原苏联的太空竞争十分留意，美国的太空研究又居于领先的地位。

从此之后，人造卫星的技术快速进步，用途也越来越多，除了作电话、广播、电视信号之连接外，也作为军事用途，世界其他的国家，像中国、加拿大、日本、欧洲、印度等国都因其不同的因素和需要，而努力发展卫星的研究。到了今天，人造卫星已变成人类最重要的远距离联络的工具。

五、卫星的主体构造

我们前面已讲过,如果以简单的概念来表达,人造卫星它仅是一个类似球体的主体,内部装置一部电信的收发器,地面控制站把信号发送上去,到了某段时间再由地面的控制站下指令,把信号重新播放出来,由地面接收。如下图,把信号发送上去,我们称它为"上链"(uplink),把信号接收回来称为"下链"(downlink),信号传送下来的范围,我们称它为"涵盖面"(footprint)。

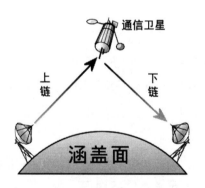

卫星的传讯原理

卫星的基本组成分成下列部分:
(1)主体架:由金属制成,可装载所有的必备器材。
(2)信号之接收和传送作用的收发器(transponders):发射信号(例如电视节目)到卫星主体,由卫星上的接收器接收,然后由地面站下达指示令,再叫卫星把信号传回到地面。低轨卫星因其离地面较近,所以它的接收和传送器所需要的电力较小;而高度越高的卫星,因其离地球距离较远,所以在传送信号上所需要之电力越高。

(3) 天线:它是与地面作无线电信号联络之用。

(4) 电力来源:虽然人造卫星在发射时,都携带有电力,但数量是很有限的,而且也会用完的,所以卫星升天后,只得靠自力救济了,其最大部分的电力来源是太阳能,在卫星主体上覆盖着一层由矽制成的太阳能接收的鳞片,接收太阳光作为电力。

(5) 高度控制系统:有时卫星会稍微偏离其轨道,此时可作调节和校正之用。

(6) 电脑系统:可作为控制和监视之用。

(7) 地面接收站:作为与卫星联络之基地。

(8) 不同的卫星另外配置不同的特殊装备。

此外,我们也应视卫星之功能,而在卫星内部装设不同的工具,例如:

(1) 气象卫星装设有特殊照相机,可以将地球表面的云气层和天气状况拍摄下来,传回地面。

(2) 电信通信的卫星,如果要作电话的通话和电脑资料的传输,需装置具无线电频道之传送器和放大器。

(3) 科学卫星需装置特殊的科学数据的探测器和记录器以及高灵敏度的照相机,例如哈勃太空望远镜,在外太空中进行宇宙的探测工作,并拍摄珍奇的太空宇宙的照片回来。

(4) 至于我们常听到的军事或间谍卫星,则必然会装备一些情报收集器,其中包括高精密度的电子仪器、照相机、核子侦测器、无线电接收器、雷达器等。

六、卫星在天空中的高度和其功能

由地球表面来测量,卫星发射到太空中的位置会有不同的高度,而不同的高度也导致不同的功能,我们来看看它们的分别:

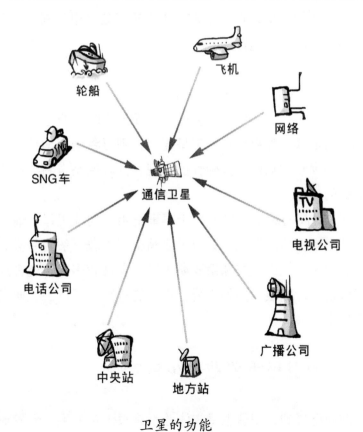

卫星的功能

(1) 120~2000km

这个高度的卫星属于低轨卫星，大多为观测型的卫星，因其离地面较近，利于摄影，其主要的工作是拍摄照片作地图之用，有时观测地面河流改道的状况、森林或农地的状况。

(2) 5000~10000km

这个高度是作为地球上之中频的无线电信号之用，例如我们现代化的汽车中所装备的"卫星定位系统"（GPS），就是采用这个高度的卫星，它也作为地球科学探测之用，例如监视火山的动态、动物的追踪等。

(3) 3.6万km以上

这个位置的卫星已属于高频的卫星，也就是我们所说的"同步卫星"它离地面的位置较高，而涵盖地面的范围是地球的1/3的地区，如果用三颗卫星连接，则可将涵盖地球全部的通信之用。它的功能是国际性的电视、国际网络资料、国际长途电话的传输。

(4) 更高的距离，可能属于军事情报、间谍卫星、遥感卫星和外太空探测的卫星，其卫星之精密度也较一般卫星高，在全球的国家中，以美国和俄罗斯等国的发展较多，但这都属于国家机密，他们很少向外界公开详细的资料，不然怎么叫做间谍卫星呢？

七、一颗卫星需要花多少钱？

前面已提到，制造卫星主体并不是很困难的事，但发射出去则是一件需要高科技和精密设备的事,世界上会制造卫星球体的国家很多,但世界上只有少数的国家具备有发射的能力,许多无发射能力的国家都是自己设计及制造好卫星后,以某一种金钱的代价,委托给发射公司代为发射出去,这是一种商业行为,世界上可代为发射的国家以美国为最有名,其重要的卫星发射公司有:休斯(Hughes)、洛克希德·马丁(Lockheed Martin)等。

在卫星主体的制造上,许多国家都能成功地自行制造出来,但其材料和成本,可能依卫星的种类和精密度不同而有所不同,但一般而言,近距离的、作为气象和低频通信之用的卫星,大约需要3亿美元左右,而远距离的、高频卫星大约是7亿美元左右,当然如果卫星有特殊的装备时,价钱可能更高。

至于发射的价码,要视高度不同,而有不同的价钱,大约是0.5~4亿美元不等。

不论如何,卫星是一种属于高科技的通信工具,其发展的成本是非常昂贵的,但有许多并不富裕的国家,像印度、印尼等,在天空中仍拥有很多颗卫星,其主要因素是由于国家的需要,必须使用卫星才能达到某种效果。例如印度与印尼都因国土分布太广阔,为达成全国教育和文化的统一和进行,必须使用卫星作为传播的工具,即使花再多的成本,也得建立卫星系统。

当然,其他的国家也各自有其打算,例如有些国家是为了收集气象资料,有些国家是为了发展电信事业,而必须先拥有自己的卫星作为最重要的传输工具。

八、间谍卫星和遥感卫星是什么？

人造卫星最主要的用途是作无线电传播之用，但是我们也经常听说，某某国家使用卫星来拍摄其他国家的军事基地、偷窃情报等，进行间谍活动。一点也不错，世界两大国家美国和俄罗斯使用间谍卫星，收集军事和科技情报是全球皆知的事。

什么是间谍卫星？顾名思义，既然是间谍，就不能让别人知道，美俄两国的间谍卫星据说设备精良，但其发射的轨道、位置、设备等都是机密，间谍卫星都装备精密的数码照相机、光学侦察器、无线电窃听器等，这些都是高科技的东西。

间谍卫星除了能把军事要地的位置、装备等拍摄得清清楚楚之外，如果要追踪某一个重要的人物，像恐怖分子本·拉登，就在他出没的地方，不停地由卫星上进行拍摄和录像，据说影像清楚得可以把地面的脚踏车都能拍摄下来。

至于遥感卫星英文名称是 remote-sensing satellite，这种卫星也是具有侦察、测量和分析用途的，但其侦察的对象却是地球上的稀有物资，例如石油之储存地、稻田和小麦田的生长状况，以及地下尚未开发的矿产和珍贵的天然资源等。

有许多科技落后的国家，像非洲，并不知道自己的国家的荒原竟是隐藏了大量珍贵资源的未开发之地，经过遥感卫星侦测出来，已开发国家就会悄悄地派跨国公司出面，以廉价收购后进行开发而赚进巨大的利益，使得原来的国家损失很大。所以，有许多国家曾在联合国大会中提出，除非两国达成协议，否则不准先进国家在别的国家中以遥感卫星侦测该国土地上的资源。

九、什么是商业卫星？

刚刚提过，一颗卫星从制造到发射、再加上未来的管理，是要花很多的钱的，不是很富有的国家如要自己制造和发射，在经济上的负担是很沉重的。但问题是，在现代化的国家中，电信传播最大的工具就是卫星的传送，如果没有卫星，很多电信事业很难发展开来，这个问题如何解决？事实上，世界上许多国家的卫星业者专门做这种生意——把卫星频道租借给其他的国家或其他的公司，我们称这种可对外租借的卫星为商业卫星。就像我们买不起房子，租个房间就行了。

在亚洲上空的商业卫星比较著名的有：属于美国所有的有TELSAT、PANAMSAT，属于印尼的有PALAPA，属于俄罗斯的有GORIZONT，属于香港的有ASIASAT、APSTAR，属于中国内地的有CHINASAT，属于日本的有SUPER BIRD，属于印度的有INSAT，属于韩国的有KOREASAT，属于马来西亚的有MEASAT等。

任何的民营公司需要卫星作传讯之用，可以直接到这些卫星公司的办公室接洽，当然要付使用的费用，签订好合约后，就可进行上链（由基地发射节目至卫星）、下链（由接收台接收信号）的连接行动了。

十、太空垃圾是什么？

　　你有没有看过有关太空漫游的电影？如果真能在太空漫游是什么滋味？在科技尚未进步到这么先进之前，我们想进行太空漫游还言之过早，但是如果把东西抛在太空中，它倒是可以在太空中漫游了，因为太空中没有空气，不会腐烂，会永远在无止境的宇宙中漫游。有商人大发奇想，如果把死掉的人的遗骸送到外太空去，他就会随着宇宙而"永垂不朽"了，这个点子好像是有点道理，只不过要进行发射程序的价码十分昂贵，也就是说举行太空葬礼还不是人类能负担得起，所以现在还没有公司真的要做这种生意。

　　不过，太空垃圾却是真的已经制造得很多了，这些太空垃圾早已在太空中漫游，我们先来谈谈太空垃圾吧。太空垃圾的来源大约有下列几种：首次是当初要发射卫星时，必须使用火箭来作推动的力量，而火箭爆炸后的残骸就是太空垃圾的一种。其次是太空人在太空站进行修理工作时，千万要小心，如果一个滑溜，手中拿的工具，像钳子、螺钉之类的工具和零件就会漂失在太空中了。另外，尚有很多卫星脱落的零件也是太空垃圾。多年以来，这些累积的东西加起来数量已经够惊人了。

　　太空垃圾有什么害处没有？可能有的，因为有时太空垃圾会撞到卫星，使卫星受损，美国太空总署尚成立一个小组，专门负责清理太空垃圾。

本章注释、参考书目及相关网站

注释

注1　Brian Winston. Understanging Media. Routledge and Kegan Paul：London and New York. 1986：243~247

注2　Dr. Regis Leonard. Satellite in General，2001，NASA，Lewis Research Center

注3　同注2

注4　同注2

注5　傅鹤龄著．人造卫星浅论．正中书局，1993：36

注6　同注1，225~229

注7　同注6

注8　同注1，231

注9　同注2

参考书目

1　M adhavendra Richharia. Satellite Communication Systems. Macmillan，U.S.

2　英格利斯著．刘道明译．卫星科技入门．台北：台湾财团法人广播电视事业发展基金会，1997

3　Bhupendra Jasani. Satellites For Arms Control And Crisis Monitoring. Oxford：Oxford University Press，UK. 1987

4　Timothy Pratt．Satellite Communications. Wiley，U.S. 1986

5　Joseph Pelton. Satellite International. Stockton Press，U.S. 1987

相关网站

1. 关于 NASA 的网站：http://www.nasa.gov/
2. 中国台湾的卫星：http://www.tas.idv.tw/news/1999/99012702.htm
3. 有关克拉克的网站，网络上很多，请参考下列诸网站：

* Arthur C. Clarke Institute for Modern Technologies
  http://www.slt.lk/accimt/index.html
* Mystery Visits.com: Arthur C. Clarke.
  http://members.kennett.net/brownsherwood/ACClinks.htm
* Arthur C Clarke Institute For Modern Technologies-Srilanka
  http://www.slt.lk/accimt

第十一章

天涯海角都能找到你
——全球卫星定位系统(GPS)

当你要到大海、沙漠或森林中去探险,带指南针已经很落伍了,卫星定位系统才是可靠的装备,汽车装置了它还能辨明路况。你知道它如何具有这么神奇的功能吗?

一、GPS——e 时代挂在天上的罗盘针

全球卫星定位系统的英文全文是 global positioning system，简称 GPS。

24 颗特定的一组卫星，包围成网状，罩在地球的上空，对地球每一个地区作全天候的发送电波（如下图），而能作为人类传送信号之用，因为它是全球性的，所以我们称它为全球卫星定位系统。

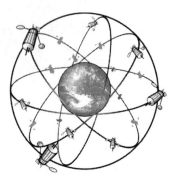

地球上空是由 24 颗 GPS 卫星环绕

GPS 的这些特定的卫星，当初是由美国国防部花了近 100 多亿美元发射在地球上空的，原本美国国防部是为了掌控全球军事情报，由空中向地面作军事探测和监视走私、恐怖分子及敌人的活动之用。但因美国的商人发现 GPS 如能被开发出来，提供给民众作为指示位置之用，是很有商机的，因而使用民意

的压力,迫使五角大楼把 GPS 的使用权开放出来,给民间使用,现在高级汽车中的全球卫星定位系统就是这样应运而生的。目前,美国把它开放给全世界免费使用,只要自备接收器就可以。

不过,美国国防部不是傻瓜,不可能完全放弃军事用途,在 GPS 的卫星上传送两种信号,一种给全球民间使用,另一种正确度比较高,是给美国自己的军事使用。目前的 GPS 是由美国空军监控,全球的 24 个卫星是由在美国科罗拉多州的五个地面站作地面遥控和管理。

GPS 对民间有什么用呢?喜欢爬山、航海、到森林、沙漠和陌生的地区探险者大多都知道,他们为了安全起见,必备的行头之一就是全球卫星定位系统,它不但一路指示你路途的始末,当你迷路时,你必须靠它来辨识方向。如果你不见得要去探险,有自用汽车的人,经常要跑长途,就得在汽车内装一台全球卫星定位系统,用以辨识方向和路况。现在的高级轿车装备着全球卫星定位系统根本已成为基本的配备。

二、其神奇效能由海湾战争说起

1. 黄沙漫布的地势让美国在中东战争时吃了大亏

全球卫星定位系统是什么东西呢?有什么神奇的功能呢?我们从海湾战争开始说起吧。

海湾战争发生于 1990 年 8 月,肇因于伊拉克领袖萨达姆以科威特不法侵占了伊拉克石油田中的石油为借口，而侵入科威特，但美国和联合国却判定萨达姆强词夺理，其目的只是想图谋科威特本国丰富的油田。美国和联合国的联军以及由若干阿拉伯国家组成的联合军，联合要求伊拉克在某一限定的日期中撤出科威特，但伊拉克在强人萨达姆的蛮横的态度下，断然拒绝撤出，美国在1991年1月出动空中军机进入伊拉克境内进行武力行动，但却遭到萨达姆的顽强抵抗，萨达姆甚至采用激烈的方法把上百万加仑的石油倾倒在海湾中点火燃烧，一直烧了将近八个月才扑灭，可见萨达姆顽强的程度（注1）。

美国和联合国的联军对伊拉克最感头痛的，不但是他们顽强可怕的态度，还有沙漠中经常迷漫着不见天日的风沙暴和根本无法探测出军队足迹的黄土的地形，当时美国人给这场战争取名"沙漠风暴行动"（Operation of Desert Storm）。

这些地形上的天然屏障给伊拉克人很好的防御能力，但却让美军和联合国的地面部队吃足了苦头，因为美国和联合国的军队和士兵们很容易在沙漠中迷路，也不知道敌人躲在哪儿，常常遭到从小生长在那儿、熟悉地形和气候和伊拉克人偷击。

在这么恶劣的环境中，美军和联合国部队最后仍赢得胜利，他们胜利的关键是在于依靠了天上的16颗卫星。

2．由天上的卫星传送经纬度的信号，解救了美军的困境

这16颗卫星是属于中高度的卫星，它们在地球轨道上空约2万km处，以每12h绕地球一周运行。这些卫星连续不断地在天空中传送信号，由在地面的人以接收器来接收信号，就

能了解自己所在的位置。

海湾战争爆发后，美国一家著名的电信公司查理公司（Charlie Trimble of Trimble Navigation Ltd.）提供了价值700万美元的卫星接收器给美军，在沙漠中作战的军队和兵士手中拿到卫星接收器后，接收由这16颗卫星传下来的经纬度的信号，就像拿着现代的罗盘一样，不但可以很清楚地明白自己的方向和位置，也能确切计算出离某个地理坐标有多远，例如离某城市或敌人军营的距离和方向（注2）。

3. 战争结束后，美国大方地将GPS卫星提供给全球人民作免费定位使用

海湾战争发生到如今已经过了10多年了，当时的16颗卫星也已发展成24颗卫星，当时美国的这些卫星只供美军自己使用，而现今为了造福人类，美国已将其提供给全球使用，使用的最大目的是在提供全球的地图资讯，其次为气象、资源探测和地形资讯等。

具体来说，美国的这24颗GPS的卫星，像圆球形的网一样环绕在地球上空，其信号的涵盖面把地球的每一个角落都给罩住，你走到全世界任何一个角落，你的头顶上都有这24颗中的某几颗卫星传送来的信号，你只要携带一部GPS接收器，你就会接收到GPS卫星传送下来的经纬度位置的信号，你不必付费给美国政府，因为这是美国为全球服务性质的，你也不需要先获得允许，因为这些信号只要用接收器随时接收即可，谁也管不着。

三、GPS 的神奇功能

回想 18、19 世纪、甚至二次世界大战之前的日子中，探险家们到世界蛮荒之地去探险，可真是一步一脚印，深入不毛之地，走一步画一个行进路径出来，作为回去时的辨识图，或留下某种记号以为辨识，但因迷路或受到意外而命丧异区的人仍然很多。

现今，人类依然热衷探险，有人到喜马拉雅山去攀顶、有人深入非洲蛮荒、有人要到亚马逊河去探寻食人族……，还有现今欧美人士很喜欢进行一种生存游戏，就是把各团人放到世界某一个地区的深山野地里很多日子，叫他们自己求生存。你可能会替他们紧张，万一碰到洪水猛兽，或迷路了怎么办？说穿了你也许就会觉得现代人的探险实在没有古人那么惊险刺激了，他们的危险度大大降低，因为他们人人各自均带有 GPS！只要卫星接收器没有故障，他们都会找到前进出路和后退的原路。

现代人的生活中，除了游山玩水携带 GPS 作为定位的工具外，也应用到日常生活中，例如在汽车中装置一台 GPS 的接收器，可以精确地测量出行经的路径，并可预测未来尚要行进的公里数，以及预计到达的时间，甚至可在接收器的显示屏的地图上看到沿途可经过的著名风景区和餐馆。

四、由某医院医师迷路的大笑话，谈人类对方向感的盲点

回想到我们中国人伟大的智慧，黄帝大战蚩尤时，是靠着指南针而胜利的，指南针有什么重要的作用呢？让我来举一个例子吧，几年前台北某大医院有两位医生相偕去台湾中部的横贯公路健行，他们带了地图，打算由主线的东势经梨山、大禹岭，再沿立雾溪至天祥和太鲁阁。他们在心中想着，反正由东势出发，顺着道路走到另一端终点站太鲁阁，走完全程就好了，沿路除了会经过一些路边的森林和峭壁之外，没有什么危险性可言，所以两个人就轻松地出发了，竟连指南针都认为没必要携带。

走了几天后，某天下午，甲医生告诉乙医生说，他觉得很累了，想休息几个小时，叫乙医生先走。乙医生心里想，反正路标很明显、又很平顺，只要顺着路往前走，根本没什么问题，自己不妨先走到前头再等他，没什么关系，就先走了。没想到乙到了前头，等了一天一夜都没等到甲，不由得着急起来，只好匆匆赶路下山报警求救。

拯救人员顺着乙告知的路线，一路搜寻到他们分手的地方，却不见人影。过了两个星期，大家都着急得不得了，各种臆测纷纷出笼。有人说他可能是掉到山谷中去了，有人说他可能遇到野兽的攻击，总之大家都以为他可能出了意外，几乎要放弃搜寻时，甲医生居然自己很狼狈地走出了森林。他说他一

路顺着路径走，并没有走进树林中去，也没有碰到野兽，你知道为什么拯救人员也是顺着路径进行搜寻，就是没看到他吗？

原来，他们都忽略了人类在方向感上一个重要的弱点，就是当人类在一个空旷的地区时，很难辨识前后方向，当搜救队不断地由太鲁阁到甲医师睡觉的地方来回寻觅时，而甲医师却由睡觉的地方倒回去走向出发点东势的路上。

错误是怎样造成的呢？原来是甲医生小睡了一会，等他起来，已到了晚上，天气不是很晴朗，所以没有星星，他想着该赶路了，就往前走，但是他在睡觉时颠倒了身体的方向（睡觉时头朝东方，可能睡得太熟，糊里糊涂地在睡梦时打了一个转，起来时，头朝了西方），等他起来要赶路时，还以为自己努力向前走的方向，就是终点站太鲁阁的方向。其实，他努力前进的方向正好是来时的旧路，就是说他倒回去走，走回到出发点东势的方向。

一连几天他都没有看到乙，想着：不知是不是乙发生了意外，还急着要去找乙呢。他走了好几天，很不恰巧的是，这几天天气都十分阴沉，天上都没有星星，等走了多日后，天上的星星出来了，他看到北极星，有了方向的坐标，才猛然醒悟，自己犯了大错，原来自己正朝相反的回路走呢。其实，他也可以回到出发点东势也就算了，但是他又怕乙还在原路等他，不放心乙的安全，只好修正方向，重新调回头去，硬着头皮往前面走下去，终于走完全程，来到终点站太鲁阁。他不知道他走出森林时，已经变成大家以为被野兽吃掉或掉到山崖下去的新闻人物了！其实，只是北极星姑娘被云给遮起来了，而让甲医生闹了一场大笑话。

但是,甲医生仍然是幸运的,因为他们两人是顺着道路走的,就是说,再错也不过是:不是往前就是倒退,只要顺着道路慢慢走,总会到达某一个出发点。你有没有想到,如果根本没有路径可循,而是在浓雾迷漫、树林密布的大山中,或一片黄土的沙漠中探险,根本分不出前、后、左、右、中,如果迷失了,连一点线索都没有,那就很危险了!

五、由几何原理来决定位置坐标

1. 到了陌生的地方,你必须寻找特殊的坐标,才不至于迷路

我们说完了这两位医师所发生的真实故事,就是要提醒你千万要注意你的位置。例如你第一次到外国去旅行,许多人到了外国的机场时,在寻找登机门或找洗手间时,就常发生走错方向,而走不回来的事。

笔者就曾在德国法兰克福飞机场碰到一位小姐,在等机时要上洗手间,大伙告诉她只要往前走拐个弯就到了,她也很有自信地认为很好找,没问题,她就自己去了。但她一去不回,全旅行团的人一等再等,去洗手间找了她好几次,就是没有看到她的身影,大家急得不得了,眼见登机的时间快要到了,导游几乎快要请求机场警卫人员帮忙协助广播寻找时,她才满面惊慌地走回来了,原来她也是弄错了方向,后来发现不对,才又倒回头来重复走回来。

如果，你身在一个陌生的地方不清楚方位时，最简单的方法是强记一些明显的物体或特征作为提醒你自己的标志。例如，当你在一个四通八达的路口或人来人往分支甚多的大广场中时，你应该用笔写下左边和右边的几个路口的商店的名称或建筑物的特征，作为你辨识的坐标，尤其是在十字路口的地方，要特别加强辨识的符号，才不会迷失。

2．GPS 是由 3～4 颗卫星的信号决定你个人的位置

GPS 在信号定位上的原理是几何学上的概念，由三个坐标，决定位置，但 GPS 还有第四个坐标，可以决定高度（如下图）。

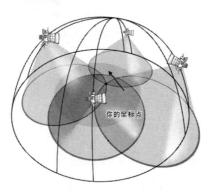

GPS 个人位置

现在，你必须还要先有一个重要的基本的概念，GPS 的卫星并不是由天上反射你所在的位置的地图然后传来一个画面，让你接收。或是找到你的位置，给你指示。这些都完全是不可能的，GPS 的卫星不可能针对个人，GPS 的卫星高高地挂在天

上，规则地发送信号，由你（卫星定位器）自己来接收，核对你的位置。就如同北极星，它是固定地、高高地挂在天空，地球上的任何一个人都可以仰望它的位置，来决定自己的坐标。

任何人在使用 GPS 之前，都得自行准备好卫星定位器和设定好卫星频率和位置。例如，你要到中国内地西南部去旅行时，你在出发之前，买好了卫星定位器，你走之前，必须由卫星定位器的公司，帮你的定位器设定好卫星的接收频率。假如在中国西南部是由甲、乙、丙、丁四颗卫星运作传送信号，这四颗卫星的频率都得设定好，在你的定位器中才能接收这四颗卫星的信号。当你到了中国西南部不知是什么地方时，你的卫星定位器中所显示的这四颗卫星交叉点，就是你的位置。至于详细的设定程序，我们再继续来了解。

六、全球卫星定位系统的设定程序

1. 必须自行携带卫星接收器，与四颗卫星取得联络，才能找到你的位置

GPS 中的这 24 颗卫星其名称为 NAVSTAR 卫星，我们姑且给它取个好听的中文名字吧，叫它们"拿位之星"如何？它们是由洛克威尔国际（Rockwell International）公司制造，每天绕地球走两圈，日夜无休，平均寿命七年半，可由新的取代（注3）。

当你迷路时，你是如何向天上的这 24 个卫星问路呢？你

必须先要明白一件事,地球上的人类那么多,卫星不可能知道谁迷路了,一定是你迷路了你自己向卫星查询问路。GPS 就是这样,它高挂天上,面对着地球上各地区的人们,当你有问题时向它们求援,你必须自己先要有一台卫星接收器(GPS receiver),接收卫星的信号。卫星接收器在每个国家的大城市中都有销售,你想要了解销售的状况,可以由网络上去搜寻和接洽。大约价码是 100 多美元。

2. 先设定好你要去的地方,是在哪个经纬度的范围之内

有了卫星接收器后,接着你必须要与天上的卫星取得联络。天上的定位卫星共有 24 颗,到底应该与哪几颗卫星联络呢?是这样的,当初美国在发射这 24 颗卫星时就已经规划好了,很平均地让它们遮盖住全球上空的每一个地区而运转,也就是任何地区的上空都会有 4～6 颗卫星在负责传递信号,你可以向公司查询哪个区域中有哪些卫星,你接着要确切地明白你自己要到哪儿去,这个地区的经纬度是在哪些范围内。

在你走之前,你需要在你的卫星接收器中设定好正确的区域范围内的卫星之接收的频率,因为你有了正确的设定后,才能与在该地区的卫星取得正确的联系。

3. 由信号传递的速度与时间,来计算两地的距离

GPS 卫星所传送来的信号是一种较为特殊的、复杂的随机数字符码(random code),使其在传送时不会同时与其他的卫星的信号重复,而 24 颗 GPS 卫星彼此的信号也不相同,也不

第十一章　天涯海角都能找到你——全球卫星定位系统（GPS）

会相互干扰。

GPS 的卫星一天 24h 很规律地送出同样的信号，随时让你的接收器可以接收到信号。其信号如何能让你的接收器知道你离卫星有多远？简单地回答，卫星接收器测量的方式是算出由卫星到你的接收器在天空的电离层和地面之间来回回转的信号需要多久。

我举一个简单的例子说明信号的传送与距离之间的关系，我小时住在台北市和平西路二段，临近建国中学的后操场，但离万华火车站还算有一段很远的距离。清晨五点钟有一班火车过站，它的汽笛声老远就听得到，我们全家都准时在五点钟起床，准备上学。我的同学住在崁顶，离万华火车站更远一点，她说她也是听到火车叫声五点准时起床。到了上中学时，念了物理学才明白，当声音传到我家时，大约已在几秒之后了，我们两人都不准时，她家离火车站比我家更远一些，所以她可以比我再多贪睡一点点吧！

我们中国的唐朝诗人张继曾写过著名的《枫桥夜泊》诗句，其内容是："月落乌啼霜满天，江枫渔火对愁眠。姑苏城外寒山寺，夜半钟声到客船。"这首诗一直是我们中国人最喜欢吟诵的，但是有谁想过，姑苏城外的寒山寺是钟声的来源，它既然在城外，距离一定很遥远吧，当钟声传到客船时，到底寒山寺距离客船有多远呢？我们中国人从来没有人想过要计算一下，也许你会说，计算出详细的距离就没有情趣了，诗句就是要有一种朦胧之美。的确不错，不过在科学的概念上，我们可以用钟声多久传到客船而计算出客船与寒山寺的距离。

物理学就曾教我们如何由声音的传递速度,来计算距离。GPS的卫星也是由这个原理来计算你的位置。我们知道,无线电波的传送速度是以电磁波行进,在真空中的速度是30万 km/s。我们举个例子来说,假如信号在 10^{-3}s 后传送过来,那么接收器离卫星的距离就是 300km,以此类推,你就可算出距离了(注4)。

4. 原子钟的计时以 10^{-9}s 来计算

假如你知道正确的由卫星撒下信号的时间,以及信号到你的接收器的时间,就能算出你与卫星的距离。当然,这只是发生在还不到千百万分之一秒钟之间的事,时间真的是短而又短。你会问,你们一般人类的手表最小的时间单位是秒(s),如果要计算 10^{-2}s、10^{-3}s,甚至 10^{-4}s、10^{-9}s 这么短的时间如何计算呢?计算这么短的时间我们当然无法用一般的时钟和手表来计算,我们必须使用比秒还要精小很多的时间单位来计算,这种工具就是"原子钟"。

卫星上面和你的接收器都是采用原子钟的原理,原子钟是以 10^{-9}s 来计算,你就明白原子钟是多么精细了。

5. 原子钟的设计者曾获得诺贝尔奖

提起原子钟,顾名思义是由原子和原子核电磁共振频率的原理(magnetic resonance)而设计出来的计时器。在20世纪30年代就由哥伦比亚大学的瑞比(I. I. Rabi)教授先找出其原理,而获得1944年的诺贝尔物理奖金,以及后来他的学生瑞莫斯（Norman Ramsey）应用在精确的计时上，而接着获得1989年的诺贝尔奖金（注5）。

瑞比教授和他的学生瑞莫斯所设计的原子钟有一个缺点是体积太大，后来麻省理工学院教授斯卡瑞斯（Jerrold Zacharias）另行改进，并设计可携带式的商业使用的电子钟，而成为今日卫星定位系统的原子钟之始。后来，原子钟又经过多位专家改进，到了今日，原子钟的精确度是10万年只相差1s，美国最近进行设计一台称为NIST-7的原子钟，据说其精确度是300万年只相差1s（注6）。

6. 定位器和卫星上的时间必须要完全相同

在GPS的卫星上装置有原子钟，表示卫星目前的时间，你的GPS也得装置原子钟，看看你的时间目前是什么。你的原子钟必须与GPS卫星上的原子钟设定的时间相同，而快慢也要绝对相同。

卫星在天空传送长途数字形态的信号，你的接收器在地面接收信号，即使电磁波传递的速度很快，快到我们人类察觉不出来，但它仍需时间传送，所以当卫星信号到达接收器，其延长的时间正好等于信号旅行的时间，由此时间，我们就可以计算出接收器与卫星的距离。

当我们知道卫星的位置，而你又明白了你距离卫星的距离，你就找到你自己的位置。例如，卫星的原子钟指示在上午某时的位置是正好在东经100°上空，你的接收器的原子钟设定的时间与卫星的时间一模一样，但你接收到的信号却延迟

10^{-3}s，你的距离就在东经100°的300km之后了。由四枚卫星分别告诉你，它们所测出的位置，这四个卫星的涵盖面之交叉点，就是你的位置，也显示了你目前所在地的经纬度和高度了（如下图）。

某点是由四颗GPS卫星讯号决定坐标

现在有个问题，就是，原子钟的价钱可不便宜，大约每台是5～10万美元之间，一般消费者可能负担不起。后来科学家们设计出解决的方法，在你的接收器上装置的并不是原子钟，而是一般的石英时钟，由接收器收到信号后，扣除误差（石英钟与原子钟之差别），计算出正确的时间，而能找到正确的地点。

7. 你需要购置一台接收器，和你要去的地方的电子地图

接着，我们来看接收器了，每家制造和贩卖的卫星定位系

统的接收器并不完全相同，在外形上虽有所差异，但大致说来，其形状有些像PDA或手机，只是尺寸较大，有一个黑白或彩色的液晶体的资料显示器，彩色显示器较黑白的需使用较多电力。接收器上尚有一些操作用的按钮和天线。携带式的接收器可装电池，体积较小，另有些体积较大的接收器使用外接式电源。

在接收器的内部有记忆体以储存定位资料，定位资料的显示方法有两种，一种是简单地告诉你所在位置的坐标，另一种方式是你早已在记忆体中自己灌进去了你要去的地方的地图。有了地图比你自己计算位置更方便，因为卫星信号像个小光点，落在地图的哪一点，你就知道自己在哪里。但你要注意的是，你输进去的地图一定要十分精密，才能对准正确的经纬度。

有些公司专门贩售卫星定位系统的各种地图，你可以到这种专卖店去选购，有些公司制作的地图尚标示着沿途的重要风景区、重要的餐馆和旅馆。在美国作长途旅行时，有些地图上尚标示出麦当劳叔叔的坐标，你可以知道再开车多久就可以吃到汉堡包了。有些地图尚可告知你已经过哪些路径，而未来尚需要走多久才能到达目的地。

8. 电子地图必须精准无误

现在我们再谈谈关于电子地图的问题吧！你必须要有一个概念，就是GPS卫星在天上撒下来的只是单一的电子信号，以计算你的坐标，它并不是由空中把地面的图像照相下来传给你，所以你的接收器上的图像（地图）是你自备的，早已储存在你的接收器的记忆体中,当你打开接收器时,把某一个地图的画面调出来,卫星的信号就会显示在你的地图上之坐标位置。当你明白这个原理时,你就会知道,电子地图是多么重要,地图一定要非常的准确,比例尺绝对不可错误。

对于电子地图的准确度,有许多国家的政府会作严格的标准检验,通过了标准检查,才会给予检定合格的执照,而国际上也有地图的ISO的申请认证,所以不管你是在国内、还是要到国外去,在选购电子地图时,千万要找合格的厂商才行。

现今,有许多公司专门制作供GPS使用的地图,你可以去选购。地图可使用插放的卡匣式,或以软件形式储存在接收器的记忆体中。现今的接收器尚可与电脑连接,以储存更多的资料,或下载路线,尚可以更新某地区的新资料,十分方便。

七、它也有差错

GPS有没有什么障碍?虽然它的信号并不受天气的影响,但它可能会受固体物、山岳、建筑物等之阻碍,而造成信号之微弱或转折,现已设计克服这些障碍,但你的接收器只能用于户外,在室内就不灵光了,或是碰到山洞、地下道、隧道等可能都会阻碍了信号的接收。

八、未来的发展

美国目前与日本、欧洲商议共同发展更多的GPS的合作与使用,欧洲本身也希望能发展其自己的全套系统,据说俄罗斯想发展自己的 GPS 卫星系统。未来 GPS 的功能会更加强,而人类也会使用得更多。

本章注释、参考书目及相关网站

注释

注1 如果你想多了解海湾战争的事,可参阅网站:http://education.yahoo.com/persian gulf war 及美国公共电视台所储存的资料库:

http://www.pbs.org/wgbhh/pages/frontline/gulf/weapons/gps.html

注2 请参阅 Air Force Magazine, August 1991。

注3 详细资料请参阅美国国务院所公布的官方资料,其网站是 http://www.state.gov/www/global/oes/space/981216-fs-navstar.html

注4 请查阅美国国家科学院 National Academy of Science 的网站 http://www.nationalacademics.org

http://www4.nationalacademies.org/beyond/beyonddiscovery.nsf/web/gps?OpenDocument

注5 请参阅美国国家学术院网站 http://www4.nas.edu/beyond/beyonddiscovery

注6 同上

参考书目

1. Scottie Barnes. Basic Essentials: Global Positioning Systems. Globe Pequot Press, U.S. 2001
2. Bruce Grubbs. Using GPS: GPS Simplified For Outdoor Adventures. Amazon Book Store, 2000
3. Lawrence Lethem. GPS Made Easy: Using Global Positioning Systems In The Outdoors. Mountaineers Books, U.S. 1998

相关网站

1. 美国国家科学院（NAS）与中国科学技术协会（CAST）进行文化交流，美国国家科学院的英文科技资料允许中国翻译为中文（简体），在网络刊出，其网址为下，你不妨参考看看：

    http://www.cpst.net.cn/beyond_discovery/qqdwxt.htm

2. 美国国务院NAVSTAR，介绍这24颗GPS卫星的网址为：

    http://www.state.gov/www/global/oes/space/981216_fs_navstar.html

3. 目前，中国有许多厂商贩售有关全球卫星定位系统的接收器和电子地图，他们的网络上也介绍卫星定位系统的简单原理和定位器的使用方法，你不妨上网去看看，所介绍的这家是台湾圣诠科技，其网址是：

    http://www.navtor.com.tw/index2_C.htm

第十二章

移动电话是怎样进行通话的?

在台湾移动电话被称为"大哥大",在美国它被称为"蜂巢式电话",你知道为什么吗?它为什么不需要连线就能接通?你知道基站是什么吗?

一、固定通信和移动通信的差异

自从1876年贝尔发明了电话之后,电话变成人类最重要的传播工具之一。但传统的电话必须连接电线,由电话总局作为传讯的总站。

例如你要打电话给朋友,你必须先由你家的电话拨出你朋友的号码,经由电话线,传送信号到电信局的总机,由总机转接到你朋友家中的电话,才能进行联络。所以,即使电话是很方便的传话工具,但说话者和听话者都得先有接线的电话,即使不在家中,也得在马路上找到公用电话才能进行通话。如果有一天你一个人走在荒郊野外,附近没有公用电话,你就无法与外界联络了。

现今的移动电话(通常俗称它为手机或大哥大)就方便多了,你只要带着一台小小的移动电话,装在口袋中,随时都可以拿出来打给朋友聊聊天。移动电话最大的特色是它没有连接电线,也就是说它的传输是采用无线通信的方式。因为它是可以让你在行动时随时进行通信,所以又被称为"移动通信"。

在现代化的专有名词中,我们称过去传统的有线电话为"固定通信系统",它是利用线缆连接造成发话者和接话者之联络。我们常听到的所谓"固网"也是利用固定通信系统所组成的通信网络,反正,你听到所谓"固定通信"指的就是用电缆线连接才能通话和上网的传输方法就对了!至于你所听到的"无线手机"、"无线上网"等,都是所谓的"移动通信",它是利用无线电波通信传送到终端设备（基站、交换机等）进行通话及网路连接，我们称它为"移动通信"。

总之，你必须先记得，在现代化的电讯通信中，有两种类型，一为"固定通信"，它是使用电缆线连接才能通话的；另一种"移动通信"，是表示你一面移动时就一面可以进行通信，它是没有电缆线的。

好了，你大约已明白移动通信（也就是我们现今很流行的手机通话）与过去传统的电话的差异了，我们来研究一下，现今的无线通信的原理吧！

这真是一件神奇的事，如果把移动电话放在古代，古人不知其传播的原理，一定以为真是千里耳，但是到了今日你弄清楚它的原理，就会觉得"原来如此，没什么了不起！"

但是"原来如此，没什么了不起！"也是人类智慧的结晶，也是科学知识一步步累积起来所造成的结果。虽然手机很方便，但身为现代人，只知去使用它，但对于它的传输原理并不是很了解，或者有一些错误的观念，都是很遗憾的事。

如果你能拨出一点时间，去学习和了解一下手机的原理，你会觉得很有趣，又能因了解其通信的原理而能更正确地使用它。

让我们来看看移动电话是如何被发明与被使用的！

二、你可能对手机的发话原理一知半解，或有错误的观念

很多人知道手机不需要连接电线，是很方便的通话器具，

拨出你朋友的号码，只要你朋友也有手机，对方立即就会响起来，而达成双方通话的目的。很多人以为，当拨出你朋友的号码后，你朋友的手机起了反应，接通后，两人就立即在空中以无线方式对谈。其实，通话的过程没有这么简单，小小的手机也还没有这么神通广大，空中的无线电波也没有这么方便地就提供给个人使用。

在你了解手机的详细发话原理之前，你必须要有一个简单的概念，手机所提供的无线方式（也就是说，它是以无线电波传送的方式接通）上，其实只是一小部分而已，其余大部分还是有线连接的，只有在你向朋友拨号时是采用空中无线电拨号，但你拨出号码后，并不是直接由空中去寻找你的朋友的手机，而是你先要求基站帮你服务，你把朋友的号码先传送给基站，到达基站后，一切都交给基站了，基站包办了所有以后的工作。

基站像个忠心耿耿的仆人，收到你的要求后，会遵照你的要求帮你工作。例如，寻找另外一家电信公司的门号，帮你找到你朋友的门号等，这些工作都不再使用无线方式进行，而是仍像传统的有线电话公司一样由电缆线，经过交换机和主机进行。等找到你朋友的门号，你朋友的电信公司，也像一个仆人，由他们的基站透过空中无线电波，发出呼叫你朋友的门号的动作。

简单地说，所谓无线手机的连话，其实就是两个仆人，随叫随到地在各一方，以无线电波的方式帮你们作呼叫的服务，至于服务的进行过程，还是很复杂的交换机的连线功能。

至于详细的运作过程，我们接下去慢慢了解！

三、移动电话在英文中被称为蜂巢式电话，是以小区域无线通信进行通话

1. 第一代手机的外形实在不怎么美观

在台湾称移动电话是大哥大、其典故是，当初在第一代移动电话时，其设计的体积非常庞大、笨重，比一般有线电话的听筒要大而重，但其功效却很新奇，还有一个传说是黑道大哥很需要移动电话这种功具，可以随身携带，随时传送消息和叫人，所以被第一批使用者称为"大哥大"，意思是这个无线电话不但体积较大、功效了不起，也是大哥级的人经常需要使用的。

首先设计及使用移动电话的欧美人士听到"大哥大"的外号时，一定觉得很有趣，因为他们称移动电话为"蜂巢式电话"，英文原文为 cellular phone，其中 cellular 之英文字为"细胞"或"蜂巢"。

蜂巢式的移动电话与过去传统式的有线电话，在电信连接的方式上，是截然不同的。

过去传统的有线电话其连接的方式是，由电信局总机的主机为中心，向四周拉线，藉由复杂的电线牵引，经过交换机的转接，而作传输。你还记得过去你到电信局去申请电话装机时，电信局一定要跟你约好时间，请工作人员到你家去接线和

装机,就是要把你的电话线,经过分支线、接到主机线、再连接到总机去,由总机作为交换的中心,你才可以任意打给你的很多的、分别在不同地方的朋友。

移动电话在你拨号时,只要把它从口袋中掏出来,按键拨号,就可以打给你的好朋友了。你也许要问,移动电话是如何通知电信局的总机去连接你的好朋友的电话的?让我们慢慢来了解下面的过程。

2.手机是以无线电波传信方式与蜂巢式的基站取得联络

就让我们看看移动电话的基本通话原理吧!移动电话是一种无线电通话原理的电话,它是由许多小区域的"基站"作为发出信号、接收信号和传送信号的基地,这许多小区域就如同六角形的细胞(小区域)所组成的蜂巢的图形一样,一个连一个(如下图)。

▮ MTSO(交换局)
○ 各基站

在大都市中
采用蜂巢式的基站

每个蜂巢的细胞中就有一个基站，而每个基站就是一个小型的接收和发射的电信基地。基站可能设置在高塔上，也可能设置在某幢大楼的屋顶上，基站内最重要的设置是：小区域的低功率无线电收讯器、发讯器和交换机的装置，基站再与各地区的主机连接，经过交换最后传送到你的目的地。

总之，移动电话在拨出号码后，以空中的无线电波的无线传信的方式，与基站先取得联络，再转接到主机交换器，再进行下一步骤的通话任务，所以它的最大特色是——基站。

3. 为什么需要这么多基站？

你可能常在报纸上看到，某电信公司的基站建筑在某某公寓的顶楼，让公寓的住户群起抗议，怕电波干扰到身体的健康（是否真的会影响健康尚有待商榷），这种纠纷在各地好像经常发生。你在开车经过一条道路时，一路走下去，似乎每隔不久就会看到大厦上有基站的高塔，你可能会觉得奇怪：为什么要建这么多的基站，为什么不建一个超强功能的就好了？

我们可以用这样的比喻，在过去，大的批发市场或百货公司在市中心只有一家，所以四周的人都得赶路或坐车到这儿来买东西，使得交通阻塞，而对住得远一点的人而言也很不方便。后来，商家想到一个办法，就是在每隔一定距离的地方就设立分店，让民众就近就能买到东西，不必到总公司来，不会交通阻塞，各家分店都能为民众作很好的服务，不是很好的方式吗？设立的分店越多、距离越近、所能服务的客人也越多。

移动电话的原理也一样，只是陆地上的距离变成空中的电波,在一个城市中,如果其无线电波采取超强功能的大区域制度,在通话时,如果此区域只能提供 100 个空中的频道,超过 100 个就忙线而无法通话了。但如把这个城市的无线电波划成 7 个小区域制,像蜂巢的细胞一样,每个细胞都有自己的频率,每个细胞的信号都以较低频率发射,不干扰别的细胞,就同时可允许 700 个人使用。

4．基站与基站之间有什么关系？

当你开车经过一条道路时,假如这条道路上有甲、乙、丙、丁四个基站,当你走到甲基站发射的范围内,是由甲基站来接收你的手机拨号要求的服务。当你离开甲基站的范围,而进入乙基站的范围时,是由乙基站为你服务。当你离开乙基站的范围,而进入丙基站的范围时,是由丙基站为你服务。基站在空中的无线电波是专门为客户的手机的要求作服务的,而基站与基站之间在空中的无线电波上并不来往,但基站与基站之间是由电缆线连接交换机与主机,而作连接的。

有些人有些错误的观念,以为当你用手机拨出号码要打给你的朋友时,由基站得到命令后,就由空中的基站一个传一个地到处寻找你朋友的号码,这种想法是不对的！真正的过程是：当基地接到你的拨号要求,必须先把你朋友的电话号码传送到交换机和主机,再由交换机和主机把你朋友的号码传送到各基站,然后各基站在空中发出你朋友的电话号码,你朋友的手机响起,你们再透过交换机和主机的传送而开始通话。至于详细的过程,请你阅读后文的说明！

5．中国移动的基站与中国联通的基站之间有什么关系？

如果你是中国移动的客户，中国移动的基站为你服务，如果你是中国联通的客户，该台的基站为你服务。

当你使用中国移动门号的手机拨号给中国联通门号的朋友时，中国移动的基站接到你的命令，把你的命令传送到中国联通的交换机和主机去，由中国联通的基站发布寻人信号，你朋友的手机就会响起。

四、移动电话的传话原理

刚刚我们谈到一些基本的传话概念，现在我们要较详细地来了解移动电话整个的传话作用是如何进行的！

具体来说，移动电话的传话原理主要是由三个部分组成：(1) 控制中心和交换机中心（在英文中是 The Mobie Telephone Switching Office，简称 MTSO）；(2) 基站；(3) 移动电话。

1．控制和交换机中心（MTSO）——是手机传讯的心脏

如果要使用移动电话，应先与专门经营移动电话的电信公司接洽，中国的"中国移动"与"中国联通"是最大的两家移动通信的公司。中国移动是由中央管理，其分公司和电信机构分布在国内 18 个省、自治区和直辖市，在全国各地为人民服务，并与全球 70 多个国家进行国际漫游业务，规模和客户不但是中国第一，也是全球第一。如果你要申请手机的使用，

你可以到各省的公司或其分站去询问各种问题，进行申请手续。现在我们先要来了解它的通话原理。

任何一家移动通信公司，也就是移动电话公司，都要先建立一个电信工程设备的总厂房，它是所有电信设备的总控制中心。这个控制中心是一个很大的机器厂房，它必须配备有接收机、发射机、交换机、控制器、终端监视器等，当然还得有电缆线和天线等，以作信号的连接。这个控制中心就如同人的心脏，先有了心脏才能把血液输送到全身各处（如图）。

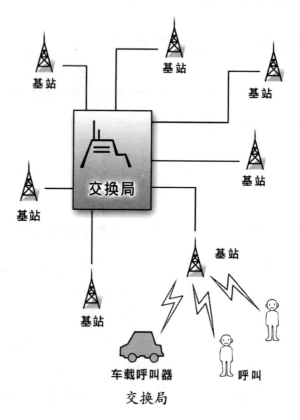

MTSO 的重要作用有四个：

第一，其精密的电脑记录器可记录和处理该公司所有客户移动电话的通联记录。

第二，与本市或本国其他的电信公司作通联转接，并与外国交换机作连通转接。

第三，以识别码（就是手机门号，也称网号）进行连接自己公司和别家公司的细胞基站之间的信号交换和收发。

第四，双方接通后，寻找空中频道作通话之用。

兹将这几种作用分述如下：

(1) MTSO 它的重要功能是进行通联记录，在侦察犯罪时变成可靠的证据

你向公司申请门号完成后，公司会给你一组号码，这组号码在你买移动电话时，由门市部帮你设定在移动电话的 IC 卡中。接着，公司在他们的电脑主机中也设定了你的号码，知道有你的存在了，完成对频的动作，你的移动电话就可以跟主机联络了。以后，当你由基站呼叫后，必须先由基站联络到主机后，才真正能够开始为你作通话的连通服务，所以你的任何一次的传信都得经过 MTSO 主机的登录。这个意思就像你成为某大公司的职员后，公司必须先给你职员代号，登录成功后，发给你一张认证卡，每次你进出大门都要刷卡，公司就知道你每天几点上班，几点下班，进出都有记录。

电信公司比公司大门口进出刷卡还要更为仔细，几月几日你曾打到哪个号码，几月几日你曾与谁联络过，你打了多久，

应付多少费用，MTSO 通通都有电脑记载，你想赖都赖不掉，连谈话内容都会被录音下来存档，这就是我们常说的所谓"通联记录"。

通联记录依各国电信法的规定，是要求电信公司必须为顾客过去的通话作记录。作为收费的依据，所以这个记录一定要具有正确性，但不可随意外泄给第二者，必须具有安全性和隐秘性。在电信法中也规定，电信公司对通联记录需建立完整之资料备份，并需要保留六个月以上之记录档案（注1）。

通联记录原本是顾客通话记录的档案，以后要作为收取费用的依据，电信公司应妥为保存，也不应给第二者阅读。但后来有若干歹徒利用电话等电信工具作为犯罪的工具，所以各国政府特别允许在遇到危害国家安全、社会秩序等犯罪案件时，可根据刑事诉讼法的需要，而由要关单位依法申请，向业者索取通联记录，作为查案的依据。

通联记录根据电信法的规定，业者应保留六个月。现今的电脑档案储存量很大，电信公司对资料的储存时期各有不同，有些电信公司甚至可储存好几年的通话记录。当顾客要索取自己的通话记录时，电信公司可能只会列印近三个月的，或近半年的给顾客，至于几年以前的旧记录，可能只提供给政府单位作为重要的查案依据时，才会从许许多多的旧档案中提调出来。

(2) 与本市、本国、外国的其他的电信公司进行通话转接

我们已成为手机的客户了，我们要进行传话了，手机电信

公司除了可以帮你接通也是同一公司的使用者外，也得接通别家电信公司的使用者的连接。我们都知道，在每个地区都有好几家的电信公司，门号也都不相同，在中国有中国移动、中国联通等。办理移动电话的业务。你使用中国联通的门号，但你的朋友使用别家公司的门号，如果彼此不能接通不就变成一件很不方便和很愚笨的事吗？可见每家电信公司都是彼此有连线的。它是如何联络的？原来每家公司的 MTSO 交换机就是担任各家公司信号之交换和传送的工作的。各家公司主机的交换机之间的联系是由电缆线来连接的，我们称它为中继线之传送。

(3) 以识别码进行连接自己公司、与其他公司的细胞基站之间的信号交换

各移动电话公司均由政府颁给识别码（网号或门号），在英文中称为 system identification code，简称 SID。

中国移动的识别码为：135、136、137、138、139。

中国联通的识别码是：133、130。

台湾大哥大为：0918、0920、0922、0935、0939、0952、0953、0958。

和信电信为：0913、0915、0925、0927、0938。

中华电信为：0910、0911、0912、0921、0928、0932、0933、0937。

你的手机号码除了有你的公司的识别码之外，你的公司还给了你个人的识别码，全部号码就是你的移动电话号码了。例

如，你是中国移动的客户，你的移动电话号码是 135-29213792，有人拨号给你，空中的电波经由基站接收后，会传送你的号码到 MTSO 来，交换机很快地先寻找 135 的主机所在，再接着找 29213792。因为 135 是中国移动的识别码，公司知道是自己的客户，赶快接收工作，由自己的主机接收后，再由基站发布寻人信号，找到你了，你的移动电话就会响了。

各家电信公司都有自己的基站，每个基站每天 24h 不间断地发出无线电波要为自己的顾客服务，所以你不要怀疑，我们周遭的天空中布满了各家电信公司手机的无线电波（此外，还有无线电广播、卫星等电波，但这些电波除非使用专属的接收器接收，否则我们是察觉不出来的，并由于彼此之间的频率不同，是彼此不相干扰的）。属于你的电信公司的电波，是每天 24h 随时与你的手机联络、在你的手机中待命、要为你服务的。在开机状况时，你会看到显示屏上的文字和图案，你就可以明白它的电波是待命的。即使你是关机，但你一打开手机，显示屏又会亮起，文字和图案又开始出现，就表示电波又开始联系。

当你要拨手机给你的朋友时，你朋友的网号（门号）如果是另一家电信公司的（例如中国联通的 130），基站把这组呼叫号码传入交换机，交换机很快地去寻找识别码 130 的主机所在，找到后发现 130 是中国联通的识别码，此时中国联通就会立即接收工作，进入 130 的主机寻找你朋友的个别码，然后由各基站立即发出无线信号呼叫你朋友，你朋友的手机就会响起，找到你的朋友的门号而准备进行通话了。你不要怀疑，这些复杂的工作都是在 1/6s 的时间内完成，你只能惊叹电信传送的速度是很快的，而现代科技也是很神奇的！

(4) 双方接通后，寻找空中频道作通话之用

识别码正确接拨后，双方有了嘟嘟的声音，表示已接到等待回应通知，如果你的朋友也打开手机接听了，此时 MTSO 会由电脑的资料库中追踪你目前通话的位置，看看你现在是在哪一个基站的通信范围中，然后 MTSO 会挑选一个配对的空中频道给你（这也是由电脑约在 1/4s 的极短的时间中自动进行，你是不会察觉到的），你由这个频道在空中就可与你的朋友对话了，当你移动（例如你坐在汽车中打手机）到另一个地区的基站时，你会发现信号会消减一些，没有关系，你可能很快就要进入另外一个基站的范围中，你会接收另一个基站的服务，这两个基站都是由 MTSO 联络的，此时很快地再由控制频道寻找另一个新的空中频道给你通话。

但你也要明白，你的通话也可能受大厦、浓密的丛林以及过多的使用者占用了频道的影响而中断了通话的声音。有时天气不佳，有暴风雨，也会影响移动电话的接听。另外，在郊外的空旷场所，由于人烟稀少，所建立的基站较少，接收可能无法达到，或者政府未开放设立基站的地方也无法收讯，例如在机场跑道附近，有时会无讯。

总之，每家移动通信公司都得设立许多基站，基站必须与 MTSO 之主机联系，基站与基站之间也是需互相联系，才能完成作业。

2. 基站

现在让我们来谈谈基站的设立情形。

（1）基站的电波划分的原理——划分成小区域，服务更多的人

我们在前面已提到，移动电话拨号后是先由无线电波传送的方式，联络到基站，因为每个基站都有自己的低频率的接收器，再由基站传送到 MTSO 的总机的交换器中来进行通话。那么什么是基站呢？它是如何划分的？它又如何进行工作呢？

我们在前文中曾提到，一个城市中只有一家大的百货公司，全市的人都得赶路或坐车到这儿来买东西，不如在每隔一定距离的地方就设立分店，就像现在的便利商店一样，让民众就近能买到东西，不必到总公司来。电波的划分也一样，如果在一个城市中，只有一个大区域的超强的电波供全市人使用，提供服务的数目较少，而且效果不是很好。如果把全市划分成若干小区域，像蜂巢的细胞一样，每个细胞都有自己的电波频道，每个细胞的信号都以较低频率发射，不干扰别的细胞，其效果较佳，也能提供较多的人来使用。

在电学原理中，本来电波的频率分配和使用是一项很复杂的道理，但你只要把它想得简单一点，就很容易明白。大区域制的电波频率为了让电波传送的距离较远，所以必须采用较高

的频率，所谓较高的频率就是说，使用的发射机的性能较强，使用的电力较大，使电波的载荷量较大，振幅（振动的幅度）和频率（振动的次数）都较大，可传送到较远的地方去。大区域的高频率的电波好像效能较佳，但它并不划算，因为就如同我们刚刚所说的，如果一个城市只有一家百货公司，对住在较远的地方的人而言就不方便，大区域制的电波也是一样，当顾客所使用的无线电器材到了大区域的边缘时收信就会模糊。大区域的电波发射还有一项缺点，就是设备的器材和发射装备成本必然较贵，而且空中的电波频率有限，使用高频率电波发射，所占频率太大，就会引起彼此的干扰，为怕引起彼此之间的干扰，只能允许有限制的几家存在。在土地比较狭小的区域，对无线电视台的数量有所限制，例如在香港和台湾如欲成立无线电视台，必须先申请执照，能分配到空中频率后才能建台。

如果把电波划分成低功率的小区域制，不但可使顾客使用离自己较近的服务，使传话清楚，也因为电波射程比较弱，电波的传送只限于在本区域中，只要隔开某一种距离，在另外一个区域不受影响，可发射同样的频率。也就是说，低频率的电波在全市中的不同的区域中，被分成不同的小区域进行发射，而可重复使用相同的频率，可增加电波的使用率，反而是一种很划算的方法。

（2）基站的细胞是如何划分的？

在大都市中基站的划分是蜂巢式的，但在其他地区中的基

站并不见得全都是蜂巢式的,例如在高速公路和重要的铁路干线则为带状的,就如下图:

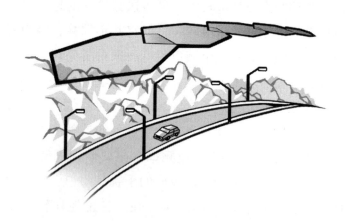

在公路地区,采用带状蜂巢

每个小区域基站的电讯涵盖的范围虽然并不完全相同,但大约是 26～39km²。

我们通常看到公寓顶楼的基站,好像只是一组高高的金属的架子,其实基站的设备除了高塔、电源架、发信架、收信架之外,也包括小型的机房,机房中有接收机、发射机、交换机,以及无线电发射装备,与 MTSO 主机连接的电缆线,以及控制系统等。

基站是以电缆线连接 MTSO 之中央系统中,每个基站之间也是用电缆线作相互的连接,这种缆线是电信公司早就铺设好,准备添加新的基站时再拉接新线。有时在公寓和大厦外壁可以找到,但不是专家是很难找到,也很难与有线电视的缆线、一般的电话线作区别。

如果你的移动电话每天 24h 都是开着的，你不要怀疑，你的移动电话公司的基站是很负责任地通过基站，以无线电波，随时在空中扫描，准备为你服务。起码你的移动电话的显示屏上会出现一些信息，例如你自己设定的图案，或者是厂商的名称，只要看到这些图案或文字，就表示电信公司与你是有所联络的，只要你拨出信号，基站就随时接收。

(3) 基站如何准备为你服务？

当移动电话的使用者打开移动电话拨通号码时，信号由一个或多个细胞基站接收器接到（因为基站与基站之间的信号会有重叠的区域），每个细胞基站都会把信号之强度传送给 MTSO 主机，主机接到各基站同样的信号后，智慧型的电脑主机会分辨哪个细胞基站的信号最强，这个最强的细胞就被选出来担任传话的任务。

你可能会说，我是一面开车一面拨移动电话的，当你通话十数分钟后，车子已开到市区的另外一边了，早已离开先前的那个细胞基站的电波区域了。你不用着急，如果你离开此细胞，开始的时候声音会变得微弱，此时 MTSO 主机会去寻找较强的信号，找到另一个最适合你的信号传送基站的频道，你一面跨越区域时，主机就会不断地寻找新的细胞频道，这些动作的发生都是在短到人类无法察觉的时间中就完成的，我们不得不赞叹科技的神奇。

（4）基站如何连接远距离或他县市，甚至国外的电话？

也许你人在北京，而你的朋友离你很远，也许在好几个基站之后，几百个基站之后、在远距离或他县市、甚至国外，你要拨手机给你的朋友，这种远距离的传送是如何进行的？原则上，你拨号仍由最近的基站传送给你的电信公司的MTSO，由你朋友的电话号码来寻找识别码的主机，找到你朋友的主机后，再由你朋友的主机进行寻找你朋友的工作。所以，不管你朋友住得多远，你朋友的主机都会负责地由其所有的基站（包括全市、全省、全国）同时发出信号。即使你朋友是在国外，也是经过本国主机与外国主机的连接与交换，信号很快地传送到国外主机去了，由国外主机再呼叫你的朋友的电话。

（5）移动电话如何拨接有线电话，或有线电话如何拨接移动电话

你在外面用移动电话打给在家中的妈妈，你妈妈使用的不是移动电话，而是一般家中的有线的电话。或者你妈妈在家里，突然要寻找在外面游玩的你，她用有线的电话打给你的移动电话，这又是如何进行的？

其实这个道理也很简单，你在外面打移动电话，其进行程序就如一般的基站接收到你要求服务的命令后，传送到基站的交换机，经由MTSO寻找你妈妈的有线电话的识别码的主机，再找你妈妈的个别码，就可接通了。也就是说，在MTSO主机交换之中，除了移动通信公司彼此可以进行通话交换之外，也与有线电话公司的主机作连接而进行通话交换。

(6) 移动电话为什么拨不通？

你可能经常会发生这种情形，就是你的手机拨不能，其因素有下列几种：

① 每个基站每次大约可令56人同时上线，如果超过此数，空中的频率的使用已被占满，就是我们常说的占线，这种情形常发生在闹区，或下班时间，或有重大事件大家都抢着打电话时，或某一区域的人挤在一块都要拨手机时。此时，你需稍稍等待，或移动到另一个基站的位置。

② 手机的电信公司是很聪明的，他们会根据顾客在某地的使用率，而在某地建多少基站，以作最佳的服务。例如在热闹的市区增加基站，在地下道的附近建基站，以使服务品质最佳。但在人烟稀少的地方，建的基站就很少了，如果你所去的地方是基站很少的地方，你就得伤脑筋了。飞管地区，例如飞机场附近是不准建基站的，你行近这个地区手机的信号会消失。

③ 当然了，你的朋友手机在关机状况，你也无法与他联络，只能用语音信箱留言，所谓语音信箱是表示，主机收到讯息，是很想帮你联络到你的朋友，但你的朋友目前关机，无法接通，电脑立即察觉，就会转接到你朋友的电脑档案中去录下你的留言。

3. 移动电话的构造

在移动电话的应用中,最重要的一环当然是移动电话的构造与类型了。别看移动电话越做越小,但它的构造却是十分精密的。

如果你把移动电话拆开,你会看到几个部分:(1)许多微小的电路接到移动电话的主要晶片上;(2)天线;(3)液晶屏;(4)按键;(5)麦克风;(6)发声器;(7)电池;(8)许多的晶片。

五、移动电话容易不容易被窃听?

如果你了解了移动电话的传话原理,你就明白移动电话是很容易被窃听,即使是最先进的美国,其政府也会要求,移动电话公司必须随时知晓使用者信号之正确位置,在紧急时,可以立即知道发生的位置。但是在通话时之隐私性,却是任何一个人所希望的,如果没有特殊的原因,移动电话公司是不可以窃听顾客的通话,如以电讯器材侵入系统窃听是非法行为。

如果确定要进行窃听,其窃听方式一种是由移动电话公司的主机窃听和录音,另一种方法就是由空中拦截。前者,电话公司多具备有录音档案,我们叫它"通联记录",除作为将来缴交移动电话费用的记录外,各国的刑事单位,有时有重大的刑案发生的,也可要求公司提供当初的通话记录,而找到事发线索,这种方式是可在事后进行。

另外一种方式由空中进行拦截，也就是当双方讲话时，第三者可以同时听到他们在说些什么，这种情节我们在好莱坞电影中常看到，例如美国的 FBI 为了追踪犯罪集团，就经常派了一部伪装的小货车，车上装备了电讯窃听器材，犯罪者的电话号码可能早已被查出，窃听器可针对其电讯频波进行插接，从旁监听。这种窃听器材可不是随便在市面就买得到的，在使用时也必须由受过训练的人才会操作和使用，另外一个重要的环节是必须要知道被窃听者之电话频率和门号，否则每分钟都有成千上万的人在打电话，如何才能找得到要窃听者的无线电波呢？

在电话和手机的类型上，模拟式的较易被窃听，而数字式的在空中传讯时之符码较先进，所以较不易被窃听。

本章注释、参考书目及相关网站

注释

注 1　请参阅电信法，公众电信类，固定通信业务管理规则。

参考书目

1. Andy Dornan. The Essential Guide To Wireless Communications Applications, From Cellular Systems To WAP And M-Commerce. Prentice Hall：N. J. 1999
2. Penelope Stetz. The Cell Phone Handbook：Everything You Wanted To Know About Wireless Telephone But Did'nt Know Whom Or

What To Ask. Barner & Noble, U.S. 2000.
3. 广磁资讯股份有限公司. 移动通讯. 1996
4. 广磁资讯股份有限公司. 基本通讯原理. 1997

相关网站

1. 请自行阅览中国移动、中国联通等移动通信公司网站。
2. 本文感谢上述各大电信公司客服人员电话答询，及特别感谢中国移动服务人员之疑难问题之解答。

第十三章

移动电话的选购及国际漫游的拨号方法

　　手机已变成你日常生活中必备之物,你喜欢哪一类型的?你必须要了解不同形式的手机有不同的功能,你不要买错!

　　你到国外去,要如何拨号呢?你可参考本文中的拨号方法!

一、你如何选择移动通信的电信公司及不同功能的手机？

市面上的移动电话（手机）种类很多，而经营移动电话服务的电信公司也很多，你要如何选购手机呢？并不是便宜就好，你必须要知道你使用移动电话的目的，还有很重要的一点是，手机公司和电信公司是两个不同的公司，购买手机是购物行为，而申请通话是向移动电话的电信公司去申请。虽然目前有许多促销方案是手机配合门号一齐付账，这只不过是一种手机厂商与电信公司两者之间的合作关系，打出来的一种促销活动，并不表示手机厂商就是电信公司，或电信公司就一定会贩卖手机，所以当你买了手机，还必须再找一家电信公司申请通话的门号。在你决定使用移动电话之前你必须注意下列的前提：

（1）你必须先决定购买移动电话的目的何在，只是在日常生活中作联络用的？例如你是学生，每天上学途中，想要告诉妈妈你人在那里。或者你是商人，却要经常驾车跑全国送货。或是要经常出国洽商？不同的目的，就必须要使用不同类型的移动电话。

（2）移动电话除了通话的主要用途之外，现今已有许多额外的趣味功能，例如听不同的音乐，作游戏画面。但并不是所有移动电话都有这些功能，在购买时你必须问清楚，移动电话有哪些功能，例如是否可作铃声点选，是否可作图像选择，当然不同的功能，价钱也不相同了。

（3）买好移动电话后，到电信公司申请门号，但你必须注意，这家电信公司的服务项目是不是你所需要的，例如有没有上网的功能？有没有国际漫游的功能？也要考虑这家电信公司的功能是否可以与你的手机配合，有时手机上有许多复杂的功能，但电信公司却没有这项功能，你的手机的功能就不能运作。也可能电信公司有许多功能，但你的手机太简单了，无法设定和接收。

（4）较为复杂的功能的手机的价码较高，你必须考虑有无必要去使用，例如无线上网，目前的连接速度很慢，传输的价格也不便宜。

（5）如果你要到国外去使用移动电话，你必须要先了解国外移动电话通话的原则。

（6）各种电信公司有不同的付费方式，你必须要了解电信公司的各种付费方式，而选择一种对你最实用、最省钱的方式。

二、使用移动电话的致癌说

1. 手机的电波确实令人产生疑虑

使用移动电话不可否认的事实是，无线电频波会在头部传送。1992年，美国佛罗里达州就有人首度向法院提出控告，指称他的太太因使用移动电话而导致了致命的脑癌，这个案子拖到 1995 年，且经科学验证，但最后并未成立，因为找不到明确的证据说明无线电波是否会影响身体的健康。但这也并不表示绝对不可能，美国至今仍在讨论这件事，科学家们也仍在努力地研究中。

其实，无线电传播系统在电磁频率（electromagnetic spectrum）有好几个频段，而移动电话过去使用的频率是 850MHz 或 1900MHz，像 GSM（下文有介绍）系统的移动电话是使用 900MHz 和 1800MHz 频率，在这个频率中之能量被称为"非电离"（non-ionizing），因为其光量子的能量不够由活原子膜中撞击电子，其辐射对生物体是无害的（注 1）。

2．手机的电磁波应是无害的，但也应保持一些警觉

现代人的生活环境是很复杂的，所以致癌的诱发因素很多，致癌的因素很可能因人而异，科学家们很难指出癌症的真正原因是什么。摩托罗拉公司的基金会和美国加州大学河边分校也都设立研究基金，以动物作实验来看看高度暴露在移动电话频波的无线电中是否易致癌，他们是把小老鼠放在与移动电话相似的电波频率 837MHz 之下生活，长久以后，看看小老鼠有什变化，结果发现并没有引起致癌的因素。

但是另外其他学者，例如 1995 年西雅图华盛顿大学医学院的赖亨利和其同事作实验发现，把小老鼠放在移动电话的频率下照射，会使脑细胞的 DNA 发生破坏，这可能是造成致癌的一个潜在因素，但是对于赖亨利的研究说法，其他的学者也有不同的意见（注 2）。

不管怎样，专家给你一些建议起码可以让我们放心一些，你不妨试试看：（1）使用耳机做连线，让手机离你的头部远一点。（2）减少移动电话的使用，不要一天到晚抱着手机打。（3）在信号不佳的地方尽量不要使用。

三、什么是国际漫游？如何在国外拨号？

1．走到世界各地，都可使用你的手机通话

你是否常听说"国际漫游"这个字眼？是的，如果你要到国外去，带着手机走到哪儿都可以跟家中联络，不是很方便吗？确实是的，这就叫做"国际漫游"。国际漫游的实际意义是，本国的移动电话网络与签约的世界其他国家作交换机的连线，使你的移动电话服务在国外如同国内一样都可进行移动通信。

神奇是吗？不过道理很简单，你只要想到，我们曾在前一章中谈过电话的传话原理，全都是藉由交换机而进行的。电话是由许多交换机相互连接，去寻找你的朋友的位置，而进行通话。进行国际漫游是全球的连线，所谓全球连线只不过是加大了交换机的范围，与世界其他国家的交换机连线而已。

也许你会问，全球这么远，是如何连线的？例如香港和台湾四周都是海洋，是如何与其他地方连接的？我们是用海洋电缆线，或海洋光纤电缆线（就是把很长很长的、一捆一捆的外面包着绝缘体的特制电缆线或光纤电缆线，用轮船运到海上

去，轮船一面行走，一面把缆线抛到海洋去，一直拉到韩国和日本，到了陆地后与韩、日交换机连接后，再连接到美国去），或藉着人造卫星的无线传讯进行的。有时海洋电缆线会被渔船撞坏，或被大鱼咬坏，这时电信传输就要中断了，此时就得赶快派专门小组去修复，才能继续通信。

在进行国际漫游之前当然要准备手机，但是，并不是你只要有一部手机你就可以办得到了，你还得在出国之前，完成下列条件。

2. 进行国际漫游之前，你必须先弄清楚 GSM 的频率

在你要携带手机出国，要进行国际漫游之前，应先弄清楚手机的系统和频率，以及什么是 GSM。

手机当初在设计上有不同的系统，例如早期给模拟信号发射的"分频多重使用"（frequency division multiple access，FDMA）系统，从它的字义就大约明白，每一部手机都要占用不同的频道，它不能使用于数字信号之传输，效果不佳。"分时多重使用"（time division multiple access，TDMA）使用压缩信号的数字传讯，可以节省三倍的空间，所以一个频道可以等于三倍的 FDMA 使用效果，它的效果当然比较好，它是后来技术进步之后为了节省频道而改进的。

如果一个国家的移动通信与另外的许多国家要相连接，我们称它为"全球移动传播"，英文是 global system for mobile communications 简称 GSM，它就是采用 TDMA 系统的。GSM 使用数字解码方法，在通话上较为安全，不易被窃听。

第十三章　移动电话的选购及国际漫游的拨号方法

GSM 系统在欧洲和亚洲都是使用 900MHz 和 1800MHz 之频率，就是我们一般使用的双频手机中的 900 和 1800 之双频。但在美国，其手机虽也是 GSM 系统，但美国却使用 1900MHz 频率，所以当你要到美国去旅行，而要带着手机去进行国际漫游时，我们的双频手机不能使用，此时你必须要另购一只可接收 1900MHz 频率的手机。目前，各地商店中有出售所谓三频手机，即可使用在 900、1800、1900MHz 三种频率上，当然价格就贵一些了，或者你可以向当地的移动电话公司租一部使用。

当你打开你的手机时，有些公司会在你的显示屏上出现 GSM 三个英文字，你现在就明白它是什么意思了，它表示，你的手机公司是采用 GSM 系统传播的，也表示你的公司具全球移动传播连线的功能。

3. 弄清楚你的移动电话公司在世界哪些国家进行连线

我们已经知道了世界各地移动电话所使用的系统和频率有所不同，所以你如果要由北京出发，由北京的移动电话公司为你接拨国际漫游，你就得以北京的公司为出发地，再转到世界其他地区去。如果北京的公司未能与另一个国家有连线及交换机转换的关系和相同的系统，你的手机仍无法进行通话，除非你在当地另行申请当地的服务。

所以，当你要出国进行国际漫游之前，你起码要做好下列的事情：

(1) 向你的移动电话公司询问与哪些国家有连线，目前与中国可进行漫游的国家有亚、欧、非、大洋洲、北美洲和少数南美洲国家等，至于详细的名单你可以在中国移动网站上查询，而每家手机公司签约的国家并不相同。

（2）如果你去的国家确实与你的电话公司有通话连线，但接着另一个问题是你的手机能不能适用，例如到日本去漫游需要租换 PDC 系统的手机，韩国有 CDMA 手机，北美是 AMPS/DAMPS 手机（注3）。另外，你尚需向你的公司询问这些国家所使用的手机之频率是什么类型的，而需准备携带出国的手机是 GSM900 单频的呢？还是 GSM900/1800 双频的，或是 GSM900/1800/1900 三频的。

（3）你已弄清楚了你的手机的性能了，也已准备好适用的手机了，但还没完，你还得弄清楚你是否仍可使用你的旧号码，或要更换新号码，为什么要更换新号码呢？这是因为少数国家其手机号码与其他国家不同，你到了这种不同电话编号的国家就必须要更换当地的号码。例如日本为保护本国电信业的权益，在其国内自成一个系统，你确定要到日本去时，你可能被要求更换成日本的新的编号。要不要更换号码，如何更换号码，你都必须跟你的电信公司先接洽探询某地的特殊情况，以作处理，如果你正好到的国家都不需要更换新的号码，你就可以使用旧的号码了。

（4）携带身份证等证明文件，向你的移动电话公司申请设定手续，一方面公司帮你进行连线，另一方面是保障你的通话安全，当然公司也是为了要设定收费的记录，也就是说，如果你没有完成申请设定的手续，即使你带出国的手机是性能最好的，也无法连接。

4. 国际漫游如何拨号

如果你已向你的移动电话公司确认完成国际漫游的设定手续，而适当的手机也准备好了，你坐上飞机到达国外了，接着你就要拨号了。你要如何拨号呢？

【例1】 你人在美国（或其他可通话之外国），你用手机要拨回北京向家里报平安（家里是有线的电话，北京84275833）：先拨所在国之当地国际冠码，再拨中国之国际号码，再拨北京地区码（不要拨0），最后再拨你家的号码。即：**011-86-10-84275833**。

解说——为什么这样拨：

（1）因为你已在北京办好国际漫游，你在北京的电信公司已与GSP有所协定，可以接受你在有签约国家的手机使用，当你在美国打开手机时，当地的基站在空中接到你的信号，辨识出你是在中国已办好国际漫游的合法的用户，就很快转入MTSO，去寻找你的目的地。

（2）你第一件事必须告知美国的主机你要做什么？你要拨美国之外的地区，就必须拨美国的国际冠码011。所谓国际冠码，这样解释你就能很快地明白了：例如你到了飞机场，飞机场有飞国内的和飞国外的，你要飞国外你就必须到二号登机站去，你的电话是要拨到外国去，就必须通知美国（该国）主机，你是要出国的线路。

（3）任何一个国家在电话要拨出国的路线都有一个代号，

拨了这个代号就表示要接到出国的那个交换机，011是美国当地国际冠码，但其他的国家并不是011（我们中国是00），而是其他的数字，你必须要打听清楚（有时可用手机上的＋号取代。换言之，在大多数的国家如果你无法弄清楚他们的国际冠码，或觉得很麻烦，就只要按＋号就可取代），但你最好还是询问当地人，他们的国际冠码是什么较为妥当。

（4）在你要告知美国的交换机你要拨出美国境之后，你必须接着告诉美国交换机你要拨到哪一个国家去，是要去中国，就要拨中国的国际码86。全世界每个国家都有一个号码代表该国，所以每个国家的国际码都不相同。你必须查明白，你要拨到那个国家的国际码是什么。

（5）接着，美国交换机就会将你的发话地连通到86的主机，86接到后，就到了我们中国的通话范围了，接下去的工作就交给中国方面来处理了。86的交换机必须先要了解你要接到中国的哪个地区，你是要接到北京的，必须拨10（北京区域号码原为010，但省掉0）。

（6）接到北京的10的主机后，接下来就是个人码了，你家的号码是84575833。最后就完成拨接手续，即：011-86-10-84275833。

【例2】 你人在美国，你用手机拨回北京向女朋友手机（使用135-29213792的门号）报平安：拨所在国之当地国际冠码（可问当地人他们的国际冠码是什么，或者也可由＋号取代），再拨北京之国际号码，再拨你的女朋友之手机号码。即：**011-86-135-29213792**。

解说：

道理与上例相同，只是当到达中国主机 86 后，交换机寻找手机主机的网号 135，是中国移动的，就会转到 135 主机上去寻找你的女朋友的号码。

【例3】 北京的家人由有线电话拨出，由北京打电话到美国你住的地方（有线电话）仍走一般的国际电话：00（中国国际冠码）→1（美国国际码）→美国区域号码（例如维吉尼亚洲为 703）→个人号码。即：00-1-703-999000

【例4】 北京的家人使用并没有办理国际漫游的一般手机，是否可以拨接国外的电话？现在一般的移动通信的电信公司都可执行这种服务，用手机拨美国的号码仍与传统有线电话拨号方式相同，拨号程序为：00（中国国际冠码）→1（美国国际码）→美国区域号码（例如维吉尼亚州为 703）→个人号码。即：00-1-703-999000

【例5】 北京的家人用有线电话打电话到美国找你（手机，13812345678）：直拨你的手机号码即可：13812345678

解说：

家人由有线电话拨出 138，立即经交换机把信号传到移动电话公司 138 主机，由 138 接下去工作，呼叫个别码 12345678，侦测到这个码后，发现已办理了国际漫游，就会通知全球有联络的 GSM 系统，寻找你的手机。

也就是说，在北京的家人已省去了寻找外国国际码的麻烦手续，因为这个手续完全已交给138来处理。

但是这种拨号方式只限于由北京电信公司已经办理的国际漫游的手机。也就是说138是中国的手机公司，才能为你做直拨服务，如果手机并不是中国的网号，并不能做此直拨。例如，你到美国去念书，申请的是美国的手机，是美国的网号（例如：952-933-1223），你的家人由北京的电话拨给你的手机，就必须一步一步地拨。先拨中国国际冠码00，即告知北京主机要出国去，去哪一国？去美国，美国的国码是1，接着再拨你的美国的手机号码。即：00-1-952-933-1223，意即你先必须要求中国的主机帮你转到美国去，由美国的电信公司主机952来接下工作，去寻找你的美国的933-1223的手机号码。

【例6】 你的女朋友人在北京，她以手机拨接到美国你的手机（13812345678）：你女朋友的手机只要不禁止拨接国际电话，就可直接如同在国内一样拨一般的手机程序，即直拨你的手机号码即可：13812345678

解说：

道理与上例相同。

【例7】 如果你人在美国，你的女朋友人在英国或在法国，或在世界任何国家乱跑，你根本都不知道她现在人在哪里前，你想跟她联络，你（手机）由美国拨给她（手机，13529213792）。如果你们两人都曾在中国的公司登记有国际漫游,你要如何拨通呢?过程是这样的:先拨美国国际冠码 011(或以 + 号取代),再拨中国国际码 86,再拨你女朋友的手机,即:﹣-86-13529213792。

解说:

这种转拨的原理是:你必须先通知美国电信当局你拨的是国际线,以 011 之国际冠码代表,接着你拨中国的国际码 86,美国的主机会帮你找到 86,先回到中国,然后,就把工作交还给中国的主机了。

中国主机寻找到 135 后,再找到 29213792,发现是国际漫游的号码,很快地向全世界有连线的各国 GSM 主机呼叫,去寻找你女朋友的手机号码。同时间内,全球同时都发出寻找信号,你女朋友的手机就会响起。

你用不着觉得奇怪,中国的电信局如何知道你女朋友现在在哪个国家呢?这就是科学奥妙之处,只要你的手机的电信公司跟全球那些国家有签约作国际漫游的连线(以中国移动为例,是与世界超过 100 个国家有连线),一旦发出信号,全球的签约国的主机都会同时发出寻找信号,这些过程居然都是在不到 1min 的时间中以电脑网络的自动交换程序完成,你真的不能不佩服现代电信科技的神奇了。

本章注释

注 1　请参阅 http://www.spectrum.ieee.org/

注2　请参阅 http：//www.spectrum.ieee.org/
注3　请参阅中国移动网页国际漫游须知
其他详细资料，请自行阅览各移动通信公司网站。
本文感谢上述各大电信公司客服人员电话答询。

第十四章

什么是手机的无线上网？WAP的功能是什么？

现在某些医院已开放用手机上网挂号和等诊，你知道它是如何进行的吗？并不是每部手机都可以上网，你必须买对手机，弄清楚过程。

一、手机不但能说话，还希望它能上网

电脑网络的使用在现今的社会中已相当普遍，也很便利，我们随时都会上网做一些事情，例如上网看电子报、上网看股票行情、上网看最近的气象、上国外网站去看风景，或上商业网站看商品价格和介绍、上网去接你的电子邮件……。连接电脑网络必备的条件是需要使用电脑和数据机做连线，如果不使用电脑和数据机，你能不能也上网呢？今日已开始使用"无线上网"（wireless internet）的技术，如使用的工具是"手机"和"PDA"它可以让你以无线接收的方式接收简单的电子邮件、广告、股票行情、新闻等。

手机成为近几年最热门的个人传播服务（在英文中为 personal communication services，简称 PCS），许多手机公司都很赚钱，这也难怪，因为手机确实是很方便与实用的传播工具。既然手机这么受到欢迎，许多大的手机公司不得不努力推出新产品，以满足顾客的需要。在 1997 年，爱立信、摩托罗拉、诺基亚等公司，首先想到不但要手机通话，还要它出现文字，并能与网络相连接。

他们的想法并不是没有道理，因为手机和电脑网络在科技的原理上是相似的，有点像堂兄弟的关系，因为都出身于同一个家系——光和电的原理，通信结构也很相似，在传输的方式上都是由主机转送交换机，再发送到目的地。既然这样，为什么不能结合起来？

二、先了解 WAP 是什么

1．小小的手机必须使用简单的文字及画面

电脑网络是老大哥，已发展得很久了，手机则像则进小学的小学生，还在成长阶段，如果把电脑网络跟手机结合起来，最大的困难是，小小的手机如何吞得下电脑网络上巨大的资讯容量？就如同一个大人跟小学一年级的小朋友谈话时，总有些不能相通，如果你是大人，你要跟小朋友谈话，你不可能跟他谈世界局势，一定得装得像小孩子的语调说："叔叔来讲一个大野狼的故事给你们听！"

好了，网络文字如要结合手机就必须先要更换一种手机能够接受的文字形态，这种形态是较为简单的文字，一方面在传送上较为方便，另一方面手机的荧光屏那么小，出现的文字和画面也必须简单。

著名的手机公司就首先设计出了这种语言，我们称它为 WAP，它的原文是 wireless application protocol，其中 wireless 是无线的意思，application 是应用的意思，protocol 是约定的意思，合起来是"无线应用的约定"，总之，WAP 就是使用在手机上的一种无线应用的语言约定。

2．WAP 是手机专用的程序语言

1997 年，由诺基亚、摩托罗拉、爱立信和 PHONE 这四家

手机厂商共同建立起 WPA 的语言规则，希望由一种国际化的标准达成全球无线上网的使用。后来，全球 300 多个手机公司也加入这种语言程序的使用。

为什么要设计 WAP 语言呢？前面说过，我们假设手机与电脑网络相比，手机那么小，还是一个小孩子，小小的显示屏上只能容得下很少的文字，所以其语言和图案必须要精短、细小。WAP 的语言是叫做"无线指示语言"（wireless markup language，WML），它是一种可以转变的语言，所谓可以转变的，是说你可以在手机上设计你自己的语言组合，你可以输入你自己的留言，也可以使用标准的国际网络上的语言，例如 UDP、IP、XML，这三种都是使用在国际网络上的标准化的语言。

3．手机界面太小，无法作精细的操作

无线上网必须要有它自己的语言，是有三个原因的，它是：(1) 传输的速度；(2) 手机荧光屏的尺寸和文字容纳的程序；(3) 在使用手机的操作时，要下指示令，进行输入命令时，其操作方式与电脑用鼠标操作的方式不同。我们试看 WAP 如何针对这三种因素进行设计：

(1) 速度的问题：

通常学生用电脑上网所装的数据机的传输速率是 56kbps，而手机的传输速度只有 14.4kbps，你就明白手机传输的速度和容量是很慢的。我们在一般电脑上用 56kbps 的数据机下载一张图片时，就要花很多时间了，如果用手机的无线上网来下载

同样的图片时，你就会明白，需要的时间就更长。而 WAP 语言的设计就是希望能解决这个问题，它的设计是使用一种较为简单的文字或图形来作手机的传输与转换，传送的时间较短。

（2）手机显示屏的问题：

一般的电脑荧光屏是由 640×480 像素（pixels）（组成图像的小点子）所组成，而手机的荧光屏是由 150×150 像素组成，所以手机的显示屏小，且图像的点子又很粗糙，很难清楚地把电脑网页上的图片下载到手机荧光屏上，甚至根本规格不合，所以重新设计了 WAP 使用的荧光屏，减少图片的像素。

（3）操作的问题：

在进行上网操作时，电脑是用鼠标点选，而手机必须一手握机，一手操作，所以操作指令必须重新设计。

三、WAP 是如何工作的

1. 不是 internet 上所有的网站，手机都能连接，手机只能连接 WAP 语言的网站

使用手机上网时，你必须先要有一个概念，不要以为用手机可以上 internet 所有的网站，你想道理也知，如果叫你用你的小小的手机到故宫博物院去下载一幅郎世宁的图画，你想办得到吗？所以我们应该一步步了解手机上网的程序。

首先，在网络上必须要有许多网站是用 WAP 文字设计出来的，这种网站才能由手机无线上网。一般电脑网络的网站大

多是由 HTML 语言所设计，有图、有文、还有动画，较为复杂，不能由手机显示。手机的网站必须由 WAP 设计才能由手机荧光屏中接收。用 WAP 来设计的网站并不多，大多是着重在配合手机商业使用或广告使用的股票行情、简短的新闻、医疗保健、餐饮公司的地址和简单介绍、旅行社、票务资讯，以及简单的智库查询，或其他的入口网站之连接等。例如台湾奇摩就专门设有 WAP 的网站，有一些简单的资讯，以及转接的功能。

2. 使用的手机必须具备可以接收 WAP 的功能

接着，你必须要备有一部可以接 WAP 的手机，并不是所有的手机都可以有无线上网的功能，你应与贩卖手机的公司或你的电信公司接洽，寻找哪款手机可以具备有无线上网的功能，通常这种手机内装有特殊的晶片，可以接收 WAP 程序，并能连接无线网络。例如摩托罗拉公司的手机中 Motorola L2000i、太极 A6188、V8088、P7689 型都是可以上网的。

买好手机之后，要先进行设定，设定的方法每个公司是不同的，到时候你应与你的手机及电信公司联络，并取得设定说明。需要设定的主要目的当然是要把你的手机号码与使用要求通知公司的主机，并与主机连接才能接通，就像你想搬新家一定要通报当地警察局，你要入籍此地区，要求一个地址门牌，当你的朋友来访问你，或有邮差送信来时，就知道你在哪儿。当然，你设定好了门号，也让手机公司开始作收费的记录。

3．连线的过程是由基站转接到服务器再到其他网站

　　手机准备好了，你要开始使用无线上网的服务了，你知道它的连线过程是怎么样的吗？首先，你的手机公司必须在网络上有一台服务器，这台服务器的功能与电脑网站服务器的功能是一样的，也就是储存数据和应用程序文件的一台主机系统。你打开手机按无线上网的功能，你手机的信号就像一般手机打电话时一样，通过空中的无线电波寻找合适的基站，找到后，由基站把信号传送和连接到 MTSO（主机和交换机部门），MTSO 把上网信号传送到手机公司的专属服务器，要求服务。

　　你的手机公司的专用服务器除了有一些自己本公司的简讯外，其实是一个入口网站，由你的公司的服务器介绍和转送你到别的 WAP 网站去。至于你的公司的服务器会介绍你到哪些网站去，可能是你的公司与这些网站有合作的关系，或是有策略联盟，例如在台湾的证券资讯是连接宝来证券和元大证券的，银行业是连接华信银行、联邦银行、华南银行、玉山银行、万泰银行。至于没有连接的银行，要不然是银行自己本身没有制作 WAP 的网页，要不然就是手机公司与银行之间没有合作关系。

四、无线上网的功能好不好？

　　无线上网的功能好不好？这要看个人的想法和使用的目的，不过有些人认为手机的显示屏太小，阅读很不方便，要使

用手机上网还不如使用 PDA，它的原理与手机 WAP 的原理是一样的，但功能较佳。

目前，台湾有些医院已开始使用手机进行挂号、询问门诊号码及领药时间等服务。过去有许多医院因门诊病人太多，排队挂号太浪费时间，即使挂好了号，坐在候诊室起码要等候好几个小时，才能轮到自己看病。

所以，医院想到用手机挂号，挂完后，取得自己的号码，稍后，可用手机查询现在已轮到几号看诊了，轮到自己看诊还需要多少时间。这确实是一个很好的方式，个人可以自由地做自己其他的事，只要在预定的时间中，准时到达医院的候诊室即可，不需要枯坐在候诊室内浪费时间。

医院的立意很好，但民众使用无线上网的能力是否已经很普遍了？手机操作的能力是否已驾轻就熟？民众愿不愿意绝对遵守规则？如有人迟到、缺席的控制能不能很准确？这些都是问题。

起码，无线上网手机的价格稍贵，而月租费也较高，民众觉得有没有必要使用无线上网，可能要视未来手机的设计能否更简单、实用，而其价格也应在合理的范围之内，才能普遍地发展和使用。

本章参考资料同第十三章、十五章。

第十五章

第三代手机(3 G)的功能

手机已进入 3G 时代,什么是 3G?手机在未来几乎可以取代电视游戏机、遥控器、电脑、数码相机的功能,你说神奇吗?它是怎么办到的?

一、3G 是什么？

手机最早出现在 20 世纪 70 年代，至今约 20 多年，但其发展却十分快速，已成为现代化的人们重要的日常通信工具之一，而现今的手机已发展为 3G，你可能会问什么是 3G？它是 The Third Generation 的简称，也就是"第三代"的意思。那么你又会问，如果有第三代，是不是有第一代、第二代呢？不错，不但有第一、二代，多事的人还说有第一代、第二代、二代半，才到第三代呢！

所谓第一代是指 20 世纪 70 年代后期到 80 年代，手机刚刚推出，并开始为民众所接受，这时的手机是以模拟信号传送声音，每次所能容纳的上线的人数较少，而速度也较慢，此时所建立的移动通信的网络只是使用手机进行通话为惟一的目的。

第二代手机开始于 20 世纪 90 年代，此时在技术上增进很多，以数字方式进行传讯，并采用 CDMA、TDMA、GSM 等系统传送通话，技术进步很多，手机也变成民众欢迎的重要的通话工具，使得厂商和技术人员不得不作日新月异的努力，而增加了宽频、无线上网等功能。此时的移动通信网络不只提供手机通话的功能，已能连接电脑网络进行一些简单的文字和图案的传送。

某些功能较强的第二代手机引进了一些与多媒体（音乐、图案）合并的功能，有些人就称它是第二代半的手机（亦即 2.5G）。

到了最近，手机的技术又进步了很多，它最主要的特征是把手机的网络结合了网际网络（internet）和多媒体功能，合并了声音和资料的共同应用，并改进品质和速度。第三代的无线移动通信，手机更像 PDA，可进行影像会议、个人行事历的功能，以及可以让许多人一齐参与的线上游戏。同时，在全球移动通信的建构和联系上也更为完备，国际漫游上也方便和快速很多。

二、3G 手机的经营执照为什么这么贵？

1. 3G 的电波很珍贵

中国的电信主管单位已准备迎合世界潮流，进行 3G 业务的开办，可能会核发数张执照，也就是说可以允许几家厂商来经营未来的 3G 事业。如果 3G 是一个这么好的事业，未来的商机无限，厂商必然会争相取得经营执照，如果有太多的厂商想取得执照的经营权时，就得进行申请和竞争的行动了。厂商在申请时，除了必须经过审查外，还得要付出权利费用，以台湾和香港为例，执照的底价是约 2 亿美元（注1），但这只是底价而已，如果厂商太多，就要竞价，所谓竞价就是像拍卖一样，谁出的价格较高，谁就取得执照。这些我们先放到一边，我们会先产生一个疑问：为什么会这么贵？很可能除了大财团外，一般民众都无法负担得起。

3G 业务最可贵的资源是它的电波频率，因为我们知道，空中的电波在现代 e 时代中，是比石油还珍贵的资源，是属于全民所共有，也就是属于公共的财产，任何厂商与个人要取得这项资源，必须接受政府的许可和管理。

3G 既然结合了声音和影像的传送，所需要的电波频率必然是十分强大的，根据国际电信联盟（International Telecommunications Union，ITU）所公布的标准，认为 3G 最好的电波频率应为 2GHz（注 2）。我们先了解这个问题，第二代手机所使用的电波频率约在 800MHz，而 3G 手机则需要 2GHz 的频率，MHz 与 Ghz 有什么不同呢？

2. 电波频率是如何计算的？什么是调频？什么是调幅？

我们解释一下有关电磁波频率原理。计算电波频率 1kHz 等于每秒钟电波回转 1000 圈，一兆赫 1MHz 等于每秒钟回转 100 万圈，1GHz 等于每秒钟回转 10 亿圈。也就是说，1MHz＝1000kHz，1GHz＝1000MHz。

那么你会问，什么是电波的回转？它是由地面发出信号后，每秒钟由地面到天空电离层之间来回跳动的次数和幅度，次数我们称调频（frequency），幅度我们称调幅（amplitude）。例如，我们在水池边丢石子，水面会泛起水波的回转，就是我们在写诗词中常用的："池边的漪涟"。我们试想有下列情况：大石子大力丢，大石子小力丢，小石子大力丢，小石子小力丢。我们试想这四种情况：

大石子大力丢，就像一个力气很大的足球健将，输球了，生气地在水池边丢大石块泄愤，你想会有什么结果？一定是泛起的水波幅度又大、速度又快，一圈又一圈的，很快到达池边又快速回转过去。大石子小力丢，泛起的水波幅度可能较大，但行进的速度较慢。小石子大力丢，泛起的水波幅度较小，但速度并不见得会慢。小石子小力丢，就像小娃娃在水池边丢小石子，你能想像得到，一定是水波又小、速度又慢，很快就会消失了。

电磁波的传送道理也是一样的，有频率和幅度，频率是每秒钟电波可以转几圈，就像我们摇呼啦圈，每分钟可以摇20圈的人，我们一定说他比摇10圈的人厉害。调幅则是指电波传送的范围，就如呼啦圈有大圈的和小圈的，摇小圈的总比大圈的省力（如下图）。

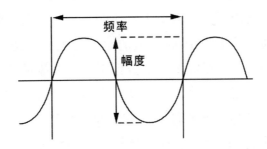

1Hz 表示（每秒 1 圈）

在电磁波的传送上，我们当然希望它能传的又远、次数又多、又快。如何达成又远、又快，就要看发射器的种类（例如调频广播电台是传送的距离较近，但声响较清晰。调幅广播电台是传送的距离较远，但会受到大气中噪声的干扰）和当发射信号时，计算给予的能量（电力）。

3. 电磁波是属于公共财产，需付出昂贵的使用费用

电磁波的使用在全球各国都是有管制的，即使在各国与各国之间也是有划分使用范围的。电磁波在空中传送是属于公有财产，这是因为如果大家都要去使用它，就会造成干扰，如果一个地区要容纳太多、太强的电磁波的传送，必然会互相干扰。就像你家的客厅很小，你姐姐在看电视，你要打电话，你就会被干扰到了，但如果你家客厅很大，或者电视的声音开得很小，你们就可以相安无事了。

不同的电讯传播工具，是使用不同的电波频率的，例如我们使用的对讲机、BB机等其功能较小，发射的范围也较近，不需要很大的能量，只需要 10~30kHz 即可。而一般的无线电视台要播出很美丽的画面、很清楚的音响、传送的地区也较远，你想想看，它所需要的电波频率一定是能量较大的，大约需要 30~300MHz 频率。至于太空传播（像卫星传播），距离地球这么远，其频率更需在 3~30GHz 之间。

在现代的 e 时代中，什么都靠电波的传送，所以电磁波成为比石油还珍贵的资源。在一个国家中，任何单位和民间公司要使用它，都要向政府申请，政府必须作良好的划分，才不会相互干扰，如果申请者太多，政府只有另订办法根据某些条件进行甄选。

3G 其发射的频率要超过第二代的手机的 3~4 倍强度，所占的空中电波资源就要很多。想要设立 3G 的公司，除了需要

向政府申请空中电波频率的使用权而支付巨款之外，公司本身也得花很多钱建立设备。3G 的设备应可接续 2G 的 GSM 和 TDMA 系统，但需在技术上作升级，并增加硬件和软件上的配备。不论如何，看来原来的第二代手机公司来申请 3G 之成立较为有利，因为他们早已有设备，也有许多经验和处理能力。

三、3G 手机是什么样子？

既然 3G 是未来移动通信新的革新，可以结合声音、影像、图案、国内、国外网络，3G 手机还能使用今日的旧手机吗？答案是否定的，等再过一两年后，你会发现手机已变得更酷、更炫，跟现在 2G 的手机大不一样。它的改变分成下列几点来说：

(1) 手机的显示屏较大：因为显示屏要下载图案和较多的文字，所以显示屏一定要比现在的手机大很多，有点像 PDA 的样子。

(2) 彩色的显示屏，并要求彩色和图像的品质更好。

(3) 有些手机的按键可能改成触摸式，只要摸一摸显示屏上的指令就可以指示程序进行。

(4) 手机上的键盘可以输入简单的文字。

(5) 你可能会担心，3G 手机的功能这么多，是不是体积较大？不会的，设计家会把它设计的很轻便、单薄，并采用折叠式，或拉出式的。

(6) 可以与电脑连线。

(7) 可以接耳机。

(8) 可以接 PDA，甚至使用光笔操作。

(9) 全球网络连线。

四、3G 手机的具体功能

(1) 它合并了电话和电脑的功能，又具有照相机、音乐播放器的功能。

(2) 它在使用上不但不会让人觉得繁琐，甚至更方便。

(3) 它具有小型照相机的设备，如果你到国外去游玩，可以把你在现场的照片，立即传回国内。

(4) 它可以以遥控方式控制家电系统。

(5) 你可以向银行查询你的账户的余额，甚至能由银行账户中转账支付信用卡的金额。

(6) 你可以上网查看新闻、气象、电影院时间、公共汽车和捷运时间表，你可以查看股票市场行情，直接下单，你可以预约订购电影票、火车票等，你还可以订购书籍等物品。

(7) 你可以用影视方式打电话与朋友寒暄，也就是说，你们一面在打电话聊天，一面可以互相由显示屏上看到对方的影像。

(8) 传送 e-mail，并能把资料转传给他人，或多人。

(9) 好几个朋友同时约着用手机进行交互式游戏。

(10) 用手机结交新朋友更容易了。

(11) 如有急病，可以立即与医院取得联络。

(12) 遇有紧急状况，可与救难单位取得立即的联系。

五、3G 手机有什么优点？有什么缺点？

优点：

(1) 生活全由电子控制。在我们日常生活中，电脑网络、手机、家电用品、电话、音响、PDA 等都已成为日常生活中十分普遍的生活用品，但过去却是各自独立使用，以后将会全部结合起来共同使用，只用手机下命令不是很好的点子吗？

(2) 全球资讯更为快捷。全世界的网络都能连接一起，使国外的通信更快速和流通，更能体现"地球村"的概念。

(3) 人类文明进入新纪元。人类的进化过程将进入一个资讯科技的电子时代，在极短的时间中，以电信处理许多事务，使人类的文明迈入一个文明的新纪元。

缺点：

(1) 骇客成为空中的江洋大盗。e 时代电信科技快速发展的最大缺点是，电子器材能值得人类百分之百的信任吗？起码到现在为止，电信传送和电脑传输的安全防护墙还没有做得很好。如果人类什么都依靠电信，电波在空中传送时在技术上很容易被骇客拦截，而进行破坏和更改的动作，破坏和更改的行动随时在任何地方都可能发生，而造成防不胜防的困境。如果连线太多,系统必将相当复杂,一时很难找出问题发生在哪里,而造成查证困难和处理上的困难。

(2) 技术还不是很成熟,经常发生故障。手机的制造还不是那么精良,使用起来还不是那么顺畅,电信公司的电讯技术还不是很成熟,在服务品质上还不能让顾客十分满意,且常常会发生故障,而让使用者十分气恼和头痛。

目前,电信专业人才缺乏,或者一知半解,在解答顾客的问题时,自己都弄不清楚道理,常会给顾客错误的答案。

(3) 大财团控制经济命脉。3G 手机的公司成本非常高昂,比如在台湾,可能只有少数大财团拥有雄厚的资本和实力来经营,而造成大财团不但操控国家的经济命脉,且影响人民的生活形态。

(4) 高科技国家变成世界的主宰。电信传播目前在先进国家,就是所谓的北美洲(美国、加拿大)、西欧诸国,以及较先进的亚洲等国家的发展较快,科技和经济较为落后的国家很难有财力、知识、技术、人才来进行发展,人民连饭都吃不饱,更别奢谈有能力买什么 3G 手机了,这将造成未来世界的国家中,先进的国家与落后的国家差距越来越大,进而造成人类的隔离与仇恨。

本章注释及参考书目

注释

注1　请阅相关的公告

注2 请参阅 ITU 的官方网站，http：//www. itu. int/imt/what-is/3rdgen/index. html

参考书目

1. Lawrence Harte, Roman Kitka, Richard Lever. 3G Wireless Demystified. Mcgraw-Hill, 2001.
2. Andy Dornan. The Essential Guide To Wireless Communications Applications, From Cellular Systems To *WAP* And M-Commerce. Prentice Hall: N. J. 1999
3. Robert Fortner. International Communication. Wadsworth Publishing Company, U. S. 1992